PERIODIZAÇÃO PARA HIIT E CROSS TRAINING

INSTITUTO PHORTE EDUCAÇÃO
PHORTE EDITORA

Diretor-Presidente
Fabio Mazzonetto

Diretora Financeira
Vânia M.V. Mazzonetto

Editor-Executivo
Fabio Mazzonetto

Diretora Administrativa
Elizabeth Toscanelli

Conselho Editorial
Francisco Navarro
José Irineu Gorla
Marcos Neira
Neli Garcia
Reury Frank Bacurau
Roberto Simão

PERIODIZAÇÃO PARA HIIT E CROSS TRAINING

LUIS CLÁUDIO BOSSI

São Paulo, 2018

Periodização para HIIT e Cross Training
Copyright © 2018 by Phorte Editora

Rua Rui Barbosa, 408
Bela Vista – São Paulo – SP
CEP 01326-010
Tel.: (11) 3141-1033
Site: www.phorte.com.br
E-mail: phorte@phorte.com.br

Nenhuma parte deste livro pode ser reproduzida ou transmitida de qualquer forma, sem autorização prévia por escrito da Phorte Editora.

CIP-BRASIL. CATALOGAÇÃO NA PUBLICAÇÃO
SINDICATO NACIONAL DOS EDITORES DE LIVROS, RJ

B757p

    Bossi, Luis Cláudio
        Periodização para HIIT e cross training / Luis Cláudio Bossi. - 1. ed. - São Paulo : Phorte, 2018.
        184 p. : il. ; 23 cm.

Inclui bibliografia
ISBN 978-85-7655-716-6

1. Educação física. 2. Esportes - treinamento. 3. Periodização do treinamento físico. I. Título.

  18-51847   CDD: 796.41
                         CDU: 796.8

Vanessa Mafra Xavier Salgado - Bibliotecária - CRB-7/6644
ph2447.1

Este livro foi avaliado e aprovado pelo Conselho Editorial da Phorte Editora.

Impresso no Brasil
Printed in Brazil

Dedico este livro a Deus, por me permitir fazer o que amo.

À minha família, Luiza, Cauê e Lana, que fazem meu mundo brilhar e que ajudam a fazer que o sorriso seja uma marca da minha pessoa. Vocês são o sentido da minha vida, e, se não fossem vocês, eu nunca chegaria tão longe. *Amo vocês!*

Aos meus pais, Dráuzio e Leda, aos meus irmãos, Rosana, David, Samuel, e às minhas sobrinhas, Giulianna e Brenda, que sempre me incentivaram, motivaram-me e acreditaram em mim.

AGRADECIMENTOS

Ao Jonato e ao Abdallah, por acreditarem no meu trabalho e me encherem de orgulho com a apresentação e o prefácio desta obra.

Aos professores Batta, Thiago, Paulino, Beth, Junior, André, Roberio (*in memoriam*), Fabio, Andrea, Fred, Rubens, Jhonny, Andrea Vidal, Narion, Giovanni, Patrícia, Edvan, Fabio, Luciano, Rosana Rosa, Inês, Diogo, Dirlene, Vera, Jussara, Tavicco, João Carlos, Igor, Selma, Guilherme, Arten, Luiz Antônio, Marcelo, Artur Monteiro, Paulo Roberto, Miguel, Armando Forteza, Alexandre Evangelista, Dilmar, Charles, Mario Pozzi, Aoki, Urival, Augusto, Guida, Renor, João Nunes, Aldari, Ney, Fabiano, Antônio Carlos, Paulo Gentil, Eduardo Reis, Bernardo, Luiz Domingues, Mario, Mauro Guiselini, Cida, Bicudo, Daniel, Michele, Milani, Fabio, Batata, Cledson, Carol, Jana, Giva, Leo Lima, Christiano, Alex, André Nessi, Charro, Macaé, Eunice, Cauê, Henrique, Alexandre Rocha, Didiu, Waldecir, Vinicius, Almeris, Nino, Fabrício, Galdino, Cristian, Denis, Newton, Arthur Hashimoto, Betinha, Paçoca, Roberta, Wilson, Allan, Crocco, Robinson, Rogério, Gilson, entre outros, o meu muito obrigado pela amizade e pelo convívio.

Aos alunos da UniFAE, das pós-graduações, dos cursos de extensão e das palestras, pela credibilidade.

A toda a turma da Phorte Editora, principalmente a Fabio Mazzonetto, Beth, Cida, Priscila, Adriana, Gerson, Clécio (Alemão), Valério, Fernanda, Liris, Bruno, Roberta, Évelin, Douglas, Ricardo, Robson, Dhead, Delci, Daniel, pela dedicação, pela amizade e pela paciência.

A Junior, Leonardo Rapolli, Edmilson, Isidoro, Fabrício, Alex, Pâmela, Bianca, Arthur, Deivis, Rose, Helen e a toda a galera da Central de Cursos, pelo convívio e pela confiança.

Ao José Luiz e ao Luiz Felipe, da Tonus Fitness Equipment, pela amizade.

Ao Fabio e à Bel, pelo suporte e pela paciência.

Aos meus clientes e ex-clientes, que sofrem e sofreram comigo no *personal*.

Ao Colégio Objetivo, sobretudo ao Custódio, à Sociedade Esportiva Sanjoanense, à FEUC e a tantas academias por onde passei, por me incentivarem sempre a ser um profissional de Educação Física diferenciado.

A toda a galera dos veteranos do Basquete Rachão da SES.

APRESENTAÇÃO

O número de praticantes do treinamento intervalado de alta intensidade (HIIT) tem sido cada vez maior, tornando a modalidade um dos assuntos mais discutidos das mídias sociais. Dessa forma, a fim de fazer esta prática intensa e robusta ser aplicada de maneira segura e efetiva, é preciso apoiar-se em estudos científicos, aliando-se, também, a uma vasta experiência prática, conforme se observa neste livro pioneiro de Luis Cláudio Bossi.

A obra é estruturada com referências clássicas, atuais e relevantes. Reúne conteúdo com sequência lógica e didática dos componentes que envolvem o treinamento do HIIT e do *cross training*, a fim de permitir a aprendizagem acerca das orientações e do aprimoramento do treinamento periodizado, desde o iniciante até o avançado.

A riqueza dos vários exemplos sobre as práticas de exercícios físicos possibilita um entendimento confiável, consistente e claro sobre o treinamento das modalidades.

O livro abrange diferentes níveis de conhecimento, e o leitor será agraciado com vários assuntos contemplados, dos quais me permiti destacar oito: *modelos de treinamento*; *periodização*; *elaboração do treinamento*; *protocolos de treinamento*; *controle da intensidade*; *sequência e exemplos de exercícios físicos*; *sessão de treinamento*; e *emagrecimento*.

Assim, parabenizo o autor, Luis Cláudio Bossi, e a Phorte Editora pela qualidade da obra. Desejo uma boa leitura e um bom treino aos leitores.

Professor Doutor Abdallah Achour Júnior
Universidade Estadual de Londrina

PREFÁCIO

Quando aprendemos novas técnicas e novos métodos de treinamento, criamos novas ferramentas e novas variações para aplicar aos nossos clientes, que têm diferentes objetivos com o treinamento físico, como estética, saúde, emagrecimento, ganho de aptidão física, entre outros.

Nos últimos anos, o treinamento intervalado de alta intensidade (HIIT) recebeu muita atenção da comunidade científica, o que aumentou consideravelmente o nosso entendimento desse tipo de treinamento.

Periodização para HIIT e Cross Training contempla uma série de conteúdos extremamente importantes para o profissional da área de treinamento físico. Com esta obra, é possível compreender diversas formas de aplicação das modalidades, desde iniciantes até atletas altamente treinados, inclusive sobre benefícios que o treinamento pode trazer a grupos com algumas doenças específicas.

Uma importante ferramenta, além da variação dos estímulos do treinamento, é a organização desse processo em longo prazo, apresentando as fases detalhadas para a maximização do princípio da sobrecarga, ou seja, uma melhor relação entre estresse e recuperação.

O professor Luis Cláudio Bossi traz uma obra magnífica, que une os conceitos básicos de treinamento físico e de periodização aplicados ao HIIT e ao *cross training*.

Ótima leitura e bons estudos!

Professor Doutor Jonato Prestes
Mestre em Educação Física pela Universidade Metodista de Piracicaba.
Doutor em Ciências Fisiológicas pela Universidade Federal de São Carlos.
Pós-doutorado pela Western Kentucky University.
Professor do programa de mestrado e doutorado
em Educação Física da Universidade Católica de Brasília.

SUMÁRIO

1. **FUNDAMENTAÇÃO TEÓRICA** 15
   - HIIT, SIT, HIIE, HIRT, HIST 18
   - Princípios fisiológicos da fadiga 24
   - Intensidade 25
   - Densidade 30
   - Complexidade 31

2. **ELABORAÇÃO DO TREINO** 33
   - Equipamentos 34
   - Exercícios 34
   - Sequência de exercícios 34
   - Número de repetições 35
   - Número de séries 35
   - Intervalos entre as séries 36
   - Descanso entre sessões 36
   - Respiração 36
   - Organização do treinamento 37

3. **MODELOS DE ESTRUTURA DE TREINO** 39
   - Iniciantes 40
   - Intermediário 57

4. **EMAGRECIMENTO** 83

5. **GRUPOS ESPECIAIS** 89

6. **PROTOCOLOS E MÉTODOS** 95
   - 20 × 50, com macropausa 96
   - 20 × 40, com macropausa 96
   - 20 × 30, com macropausa 96
   - 20 × 40 96
   - 20 × 30 96

    20 × 20 97
    30 × 30 97
    Treino 30 × 20 × 10 97
    Circuito 97
    GVT (German Volume Training) 97
    GVT duplo 98
    Helgerud 98
    Insanity 98
    RRA 98
    Superset Tabata 99
    Superset 99
    Tabata 99
    Drop set 99
    Isométrico 100
    Parcial 100
    Treino total, parcial e isométrico 100
    Trapp 100
    Tri-set 101
    Rest pause 101
    Tri-set Tabata 101
    Uni-bilateral 101

7. PERIODIZAÇÃO 103
    Sessão de treinamento SIT 112
    Sessão de treinamento HIRT 118
    Sessão de treinamento HIIE 123
    Sessão de treinamento cross training 128
    Mesociclo 129
    Periodização com cargas concentradas no HIRT 148
    Sinos de Forteza 156

REFERÊNCIAS 169

SOBRE O AUTOR 181

1
FUNDAMENTAÇÃO TEÓRICA

O treinamento intervalado de alta intensidade (HIIT – *High-Intensity Interval Training*) tem se subdividido em virtude das diversas novas abordagens de pesquisa, que buscam variáveis, aplicações e explicações sobre esse tema. É uma nova moda, analisada pela Fisiologia do Treinamento Esportivo nos aspectos qualitativos e quantitativos, com ênfase na qualidade (intensidade). Para que haja qualidade, é necessário controlar a quantidade (volume). O treinamento intenso não tem nada de novo, muito pelo contrário. Ele vem sendo muito utilizado por atletas desde o início do século XX, com outras nomenclaturas, como *cross training*, que poderia ser chamado de "treinamento cruzado", em uma tradução direta, cujo objetivo é melhorar o desempenho geral. Ele tira proveito da eficácia particular de um método de treinamento para ajustar as deficiências de outros aspectos, unindo movimentos de agilidade, de resistência, de força geral e específica, de coordenação, de velocidade, de equilíbrio, entre outras capacidades. Para atingir seus objetivos, o *cross training* deve ser realizado de maneira intervalada e em alta intensidade.

Com o aumento do sedentarismo em razão dos confortos do dia a dia, como controles remotos, elevadores, automóveis, computadores, *smartphones*, entre outros, além da falta de tempo por vários motivos, como a distância de locomoção em grandes cidades, duplas jornadas de trabalho, redes sociais etc., começa a se tornar inviável fazer recomendações mundiais de prática de atividades físicas por 30 a 60 min por dia, com repetições mínimas de 3 a 4 vezes por semana (Garber et al., 2011), pois dificilmente as pessoas conseguem seguir essas diretrizes (Reichert et al., 2007).

O treino HIIT tem demonstrado adaptações cardiovasculares, musculoesqueléticas e metabólicas favoráveis (Wisløff et al., 2007; Tjønna et al., 2008; Little et al., 2011). Protocolos utilizados por atletas, como o Wingate (4-6 × 30 s, em intensidade supramáxima, com 4 min a 4min30s de recuperação), podem melhorar a aptidão física e os indicadores de saúde para grande parte da população (Gibala, Gillen e Percival, 2014), mas eles não são muito propícios ao mundo *fitness*, em razão do grande intervalo de recuperação que demandam (de 4 min a 4min30s).

Surgiu, então, a ideia de que "menos é mais", e a busca por uma atividade física mais intensa com menor tempo de execução saiu dos centros de treinamento esportivo e começou a ocupar espaço nas academias, nas praias, nos parques, nos estúdios de *personal trainers*, nas residências, entre outros. Com esse "estouro" do treinamento intenso, dos treinamentos funcionais e do *cross training*, diversos pesquisadores têm demonstrado que a "febre" do HIIT é maior do que se imaginava, sobretudo em pontos como vias metabólicas, sedentarismo, emagrecimento, economia de tempo, esporte, *fitness* e grupos especiais.

No entanto, com toda "moda", surgem quatro tipos de profissionais que buscam espaço nessa área específica: *os que estão sempre atrelados a uma novidade*, que têm grande poder de persuasão, não estudam o tema e saem criando métodos, às vezes, até "bizarros", sem fundamentação científica; *os teóricos*, que começam a ler todos os artigos científicos, sustentam-se em evidências científicas, utilizando termos "segundo o autor tal", e, na maioria das vezes, não têm vivência prática, não estão dentro da realidade, nem entendem as necessidades dos praticantes; *os práticos*, a maioria entre esses profissionais, que adoram realizar exercícios, obtêm resultados e repassam para os clientes, mas não sabem ao certo o porquê desses resultados; e, por último, *os teórico-práticos*, que, infelizmente, são minoria, mas é neles que esta obra tem foco, pois são eles que estudam as evidências científicas e colocam em prática os aprendizados. Os teórico-práticos não sustentam seu trabalho em poucos autores, buscam vivenciar vários protocolos e utilizá-los no momento adequado.

O objetivo aqui é demonstrar aspectos teóricos e práticos do HIIT, que vem sendo subdividido em SIT (*Sprint Interval Training* – treinamento intervalado de *sprint*), HIIE (*High-Intensity Intermittent Exercise* – exercício intermitente de alta intensidade), HIRT (*High-Intensity Resistance Training* – treinamento de resistência de alta intensidade) e HIST (*High-Intensity Strength Training* – treinamento de força de alta intensidade). O *cross training* une todas essas modalidades e, também, abrange diversos equipamentos, como corda naval, *medicine ball* etc.

Apesar de existirem diferenças, a própria literatura, às vezes, não as deixa muito claras, mas as características básicas envolvem intervalos de ações curtos e longos (de 5 a 90 s) e trabalhos intensos, alternados por períodos de recuperação ativa ou passiva, induzindo a adaptações semelhantes, com volumes de treinamento significativamente menores do que os tradicionais. Demonstra-se, ao longo da obra, como criar sequências metodológicas e avaliações, para que se possa aplicar modelos de periodização específicos para cada indivíduo.

HIIT, SIT, HIIE, HIRT, HIST

Atualmente, o HIIT vem sofrendo com as classificações dadas para os mesmos tipos de atividades. Isso decorre de duas situações: *criar um modismo*, para que alguns profissionais possam parecer diferenciados, como se estivessem falando de um assunto inédito; *a classificação dada por pesquisadores*, para poder identificar o modelo de pesquisa realizada. Com isso, subdivisões do HIIT começaram a surgir, e, com elas, a necessidade de rotular pesquisas. Então, surgiram outras nomenclaturas, como SIT, feito por meio de tiros de velocidades, realizados em bicicletas, esteiras, pistas, piscinas, entre outros.

Um dos exemplos da grande confusão que decorre de nomenclaturas é o conhecido e popular protocolo de Tabata (Tabata et al., 1996), cujo teste se realiza com 7 a 8 séries de *sprint* na bicicleta ergométrica, durante 20 s, com 10 s de intervalo, a uma intensidade de 170% do consumo máximo de oxigênio ($VO_2máx$); o trabalho se refere ao HIIE, e não ao SIT.

Gibala, Gillen e Percival (2014) pesquisaram o protocolo de Tabata com exercícios de calistenia, como *burpee, jumping jack, mountain climber, squat* etc., e utilizaram o nome HIIT. Hoje em dia, querem trocar o nome *calistenia* por *body work* para o HIIE.

Outra nomenclatura utilizada é a HIRT, amplamente divulgada por Paoli et al. (2012), também chamada de HIST, que seria o HIIT realizado na musculação.

Fundamentação teórica 19

SIT

Figura 1.1 – SIT.
Fonte: pixdeluxe (iStockphoto).

No SIT, os esforços no treinamento ocorrem entre 95% e 170% da velocidade associada ao consumo máximo de oxigênio (vVO_2máx), ou a 19 ou 20 na escala de Borg, a 85% a 95% da máxima velocidade de *sprint* (MVS). O número de séries deve ficar entre 4 e 12, e o tempo de exercício, entre 15 e 30 s.

Para fazer o cálculo, descobre-se a velocidade do vVO_2máx; por exemplo, para 17 km/h, o treino terá 6 (tiros) × 20 (s) × 20 (s de intervalo), a 140% da vVO_2máx. Basta multiplicar os 17 km/h por 140% e descobre-se a velocidade dos tiros: 23,8 km/h. O treino terá 6 tiros de 20 s a 23,8 km/h, com 20 s de intervalo (Gist et al., 2014).

Para calcular a velocidade máxima de *sprint*, é preciso realizar um teste em distâncias pequenas (de 30 a 50 m). Por exemplo: realiza-se um tiro de 30 m, percorridos em 3,42 s, e, com esse dado, é possível montar um treino de 6 tiros de 30 m, com 20 s de intervalo. Para o cálculo, multiplica-se 3.600 s (1 h, em segundos) por 30 m e divide-se o resultado por 3,42 s. A máxima velocidade de *sprint* é de, aproximadamente, 31,5 km/h; multiplica-se por 85%, e obtém-se que a velocidade do treino será de 26,7 km/h. Portanto, o treino fica com 6 tiros de 30 m, a 26,7 km/h, com 20 s de intervalo.

HIIE

Figura 1.2 – Exercícios de calistenia.
Fonte: oneinchpunch (iStockphoto).

Talvez seja a mais confusa de todas as nomenclaturas. Gist et al. (2015) utilizam-na em suas pesquisas, e assim nomeiam o exercício de calistenia de corpo inteiro. O objetivo dos pesquisadores foi determinar os efeitos do HIIT em 26 participantes com média idade de 20,5 ± 1,7 ano, durante 4 semanas de treinamento físico, 3 vezes na semana, por 60 min, em 4 a 7 séries de 30 s *all-out*, com 4 min de recuperação ativa. Concluíram que o HIIT *fitness* sustentado, apesar da curta duração e do volume reduzido de atividade, pode ser adequado para manter a aptidão física sem o acesso a equipamentos.

Já em outro estudo, Gist, Freese e Cureton (2014) compararam as respostas cardiorrespiratórias, metabólicas e perceptivas máximas agudas nos tiros do ciclismo, denominados SIC (*Sprint Interval Cycling* – ciclismo intervalado de *sprint*), e um protocolo de alta intensidade de calistenia intermitente (HIC – *High-Intensity Intermittent Calisthenics*), consistindo em *burpees*: 4 sessões em 9 dias, cada sessão separada por 48-72 h. Usando um protocolo de 4 séries de 30 s *all-out*, intercaladas com períodos de recuperação ativa de 4 min, os resultados sugerem que o protocolo de HIC provoca respostas cardiorrespiratórias, adaptações fisiológicas e melhorias de desempenho semelhantes às relatadas para SIC.

Em 2012, McRae et al. fizeram uma pesquisa com 22 mulheres que praticavam atividade recreativa por 4 semanas de treinamento físico, 4 dias por semana. Sete mulheres realizaram o treinamento de resistência de 30 min (a 85% da frequência cardíaca máxima – FCmáx); 7 mulheres fizeram o treino de calistenia, a que os pesquisadores chamaram de "treino de corpo inteiro": 8 séries de 20 s de exercícios (*burpee, jumping jack, mountain climber* e *squat thrust*), com 10 s de intervalo; um terceiro grupo de 8 mulheres, o de controle, não realizou atividade física. Os resultados positivos foram superiores para o grupo que fez treino de calistenia.

HIRT/HIST

Figura 1.3 – HIRT: musculação.
Fonte: MRBIG_PHOTOGRAPHY (iStockphoto).

Existem vários protocolos e diversas maneiras de realizar o HIRT. O principal estudo é o de Paoli et al. (2012), no qual, em 1 série, foram realizadas até 6 repetições máximas (RMs), com 20 s de repouso; após esse repouso, de 2 a 3 RMs, com 20 s de repouso; depois do segundo repouso, de 2 a 3 RMs e 1 macropausa de 2 min, totalizando de 10 a 12 RMs na série. Foram realizadas, também, 3 séries de *leg press*, 2 séries de supino, 2 séries de puxador a 80% a 85% de 1 RM, com duração de 32 min. No estudo, foi feita uma comparação a outro grupo, que realizou um treinamento tradicional, com 4 séries de 8 a 12 RMs, com 1 a 2 min de intervalo, a 65% a 70% de um 1 RM, com duração de 62 min. Foi analisado o gasto calórico após 22 h. O treino tradicional teve uma variação positiva de 5% e o lactato atingiu os 5,1 mmol/L, com um volume total de 7.835,2 ± 1.013 kg. O HIRT obteve uma variação positiva de 23%, correspondente a 452 kcal, e o lactato atingiu cerca de 10,5 mmol/L e um volume total de 3.872,4 ± 624 kg. Os resultados sugerem que o HIRT aumenta o consumo excessivo de energia pós-exercício em uma extensão significativamente maior do que o treinamento tradicional de resistência. O HIRT permite que os indivíduos melhorem o metabolismo, a massa muscular e a força num espaço de tempo mais curto de treino.

Liu et al. (2003) analisaram alteração da isoforma da cadeia pesada de miosina (MHC) e investigaram o efeito do HIRT e do remo de resistência de baixa intensidade (LIER – *Low-Intensity Endurance Rowing*). O treino foi constituído de 3 semanas de HIRT, a 55% ± 75% de 1 RM, e de 3 semanas de LIER, com tempo médio de 90 min no remo e distância de 17,1 km. A biópsia foi realizada no vasto lateral. Concluiu-se que as respostas ao HIRT e ao LIER são diferentes, e que a MHC, no músculo esquelético humano, pode ser induzida por HIRT.

O estudo de Huynh et al. (2016) analisou o HIRT e a rabdomiólise, que é a ruptura das fibras musculares que provocam liberação de mioglobina na circulação sanguínea. A mioglobina pode causar danos nos rins. A pesquisa demonstra que o treino HIRT parece ter um caminho benigno, em comparação à rabdomiólise de outras etiologias em pacientes com creatinoquinase (CK) sérica maior que 25.000 unidades/L. Esse estudo corrobora o uso do HIIT na musculação.

Uma pesquisa reuniu 1.258 participantes, ativos e inativos, com um total de 55 protocolos de exercícios intervalados, sendo 69% de HIIT, 27% de SIT e 4% de calisitenia ou BWIT (*Body-Weight Interval Training* – treinamento intervalado com peso corporal) e demonstrou que, quando comparados os exercícios intervalados e os contínuos, os resultados são iguais ou melhores para os exercícios intervalados. Embora seja possível citar vários problemas metodológicos (por exemplo, uso inconsistente de terminologia, medidas e protocolos), de uma perspectiva psicológica, os dados sustentam a viabilidade do exercício intervalado como uma alternativa para o exercício contínuo (Stork et al., 2017).

Princípios fisiológicos da fadiga

A *fadiga* é um dos principais pontos estruturais do HIIT. O medo de uma fadiga severa antes e ao longo da atividade leva muitos a sequer experimentarem o HIIT. Para começar, é preciso entender os princípios fisiológicos da fadiga no HIIT.

García-Pinillos, Soto-Hermoso e Latorre-Román (2016) pesquisaram a cinemática em corredores treinados. Identificaram que uma sessão comum de HIIT para corredores de resistência não perturbou, de forma consistente ou substancial, a cinemática nesses atletas. O treino consistiu em 4 séries de 3 tiros de corridas de 400 m, com 1 min de intervalo entre as corridas e 3 min de intervalo entre as séries, com 5 min de aquecimento.

McCarthy, Mulligan e Egaña (2016) testaram recuperações passivas e em imersão em água fria. Constataram que a imersão em água fria (a 8 °C), feita dentro de um período de recuperação de 15 min, aumenta o tempo de falha e o trabalho realizado durante um protocolo de HIIE. Os benefícios se deram, pelo menos em parte, em virtude de uma capacidade cardiovascular e de uma redução da tensão cardiovascular e da percepção do esforço.

Krings et al. (2017) compararam a influência da ingestão de carboidratos e do enxágue bucal com carboidratos no treino HIIT. Inicialmente, foi realizado um aquecimento de 5 min. Depois, o treino HIIT foi composto de 5 *sprints* máximos de 15 s no cicloergômetro, intercalados com 4 min de recuperação ativa a 50 watts. As bebidas eram administradas imediatamente antes do aquecimento e os enxágues, a 45 s antes de cada *sprint* (10 s de bochecho, e cuspir). Cada dose consistia em 50 ml, contendo solução de 10% de carboidratos. Os indivíduos enxaguaram a boca ou ingeriram um total de 300 ml durante cada sessão experimental. As soluções de carboidratos consistiam em açúcar e dextrose. Os resultados demonstraram que a ingestão de carboidratos proporcionou mais benefícios quanto à fadiga, em comparação com o enxágue bucal com carboidratos.

No estudo realizado por Wiewelhove et al. (2016) com tenistas de alto rendimento durante o microciclo de 4 dias, os jogadores completaram 7 sessões de HIIT. Os atletas e seus treinadores foram aconselhados a se concentrarem em outras modalidades de recuperação, para minimizar a fadiga. Em vez de correr em baixas intensidades, realizaram sessões de HIIT durante o microciclo, o que tornou improcedente a identificação da fadiga induzida pelo exercício.

Por meio da oxigenação cerebral, Monroe et al. (2016) analisaram 15 participantes recreativamente ativos, que realizaram, no cicloergômetro, 4 *sprints all-out* de 30 s de cada, seguidos por 4 min de recuperação ativa. A oxigenação cerebral tem sido relacionada como um fator de fadiga durante ou após o exercício. Os resultados desse estudo demonstram que a fadiga foi percebida durante e após o exercício, com medição ou manipulação de mecanismos de fadiga central e periférica usando métodos que podem isolar os papéis do impulso neuronal central.

Wiewelhove et al. (2015) fizeram um treinamento com 22 atletas que realizaram, em 6 dias, 11 sessões de treino, com duração de 35 min por sessão, incluindo capacidade de *sprints* repetidos, saltos de contramovimento, saltos múltiplos e 20 m no *sprint*. Após a recuperação, foram observadas alterações médias nas medidas da função neuromuscular e CK e dor muscular, relacionadas ao HIIT.

Intensidade

A *intensidade* engloba os componentes qualitativos. É a variável mais importante no HIIT, inclusa, até mesmo, em seu nome. Trata-se da função dos impulsos nervosos que o indivíduo emprega em uma sessão de treinamento, a qual depende da carga, da velocidade dos intervalos, do tipo de exercício, da sequência de exercícios, do equipamento, e normalmente é medida pela porcentagem da carga máxima, pela porcentagem de consumo de oxigênio (%VO_2), pela porcentagem de frequência cardíaca (%FC), pela porcentagem de velocidade, pela velocidade de execução, pelas RMs, entre outras.

O trabalho muscular e o envolvimento do sistema nervoso central (SNC) na contração máxima determinam a intensidade (Bompa, 2001). Existem outras formas de intensidade, como a intensidade máxima absoluta, expressa pelo esforço supramáximo ou máximo, e a intensidade máxima relativa, expressa pela porcentagem da ação. Quanto à intensidade por repetições, o estudo de Letzeiter (1990) verificou qual a carga que um indivíduo seria capaz de deslocar 1, 3, 5 ou 10 vezes, e chegou ao resultado de 100%, 94%, 86% e 70%, respectivamente. Outro estudo relacionado à força é o de Baechle e Earle (2000), que demonstra o número de repetições e sua correlação à carga.

Tabela 1.1 – Teste submáximo de carga

Porcentagem de carga	Repetições
100	1
95	2
93	3
90	4
87	5
85	6
83	7
80	8
77	9
75	10
70	11
67	12
65	15

O número de repetições é uma das formas mais eficazes e precisas de medir a intensidade do treinamento (Badillo e Ayestarán, 2001).

Controle da intensidade

O treinamento intervalado é um estímulo poderoso para melhorar o conteúdo mitocondrial e o VO$_2$máx, mas se sabe relativamente pouco sobre as influências da intensidade, da duração e da frequência do exercício em outros componentes da resposta fisiológica integrativa ao treinamento intervalado (Gibala, 2017). O protocolo de SIT envolve 3 min de exercício intermitente intenso 3 vezes por semana (30 min por semana) e 50 min de exercício contínuo 3 vezes por semana (150 min por semana). Gillen et al. (2016) demonstram que o SIT melhora a sensibilidade à insulina e os índices cardiometabólicos, como o conteúdo mitocondrial do músculo esquelético, em homens inativos.

Em um estudo feito com um cicloergômetro, para membros inferiores e superiores, foi constatada, no vasto lateral, uma disfunção mitocondrial, que foi compensada por um aumento de 15%-72% de proteínas no nível mitocondrial, ao passo que a emissão de peróxido de hidrogênio (H_2O_2) permaneceu inalterada. Em contraste, o tríceps braquial não conseguiu aumentar a densidade mitocondrial, e não se acumulou citrato. Em vez disso, a emissão do H_2O_2 mitocondrial foi reduzida para 40% dos níveis de pré-treino, juntamente com um aumento de 6 vezes na catalase (enzima intracelular, encontrada na maioria dos organismos, que decompõe o H_2O_2). O estudo mostra que um programa de exercício intenso em curto prazo para indivíduos não treinados inicia um processo de resposta celular para restabelecer o equilíbrio energético da célula (Larsen et al., 2016). Em indivíduos não treinados e recreativamente ativos, o HIIT é um estímulo potente para induzir adaptações fisiológicas semelhantes ao treinamento de resistência tradicional. Seis sessões de HIIT *all-out* ao longo de 14 dias são suficientes para aumentar a capacidade oxidativa do músculo esquelético e a resistência ao exercício (Gibala e Jones, 2013).

Segundo análise de 1.334 artigos, em 13 deles, foram observadas amostras de que não houve diferenças significativas entre HIIT e MICT para qualquer medida de composição corporal, mas que o HIIT exigiu 40% menos de tempo de execução (Wewege et al., 2017).

Buchheit e Laursen (2013b) mostram que pelo menos 9 variáveis podem ser manipuladas para prescrever diferentes sessões HIIT. A intensidade e a duração do treino e os intervalos de descanso são as principais. O número de intervalos e de séries, a duração da recuperação entre séries e a intensidade determinam o trabalho total realizado na modalidade (ciclismo, corrida, remo, atividade com mudança de direção – e pode-se acrescentar, também, exercícios resistidos e de calistenia). A manipulação de cada variável isoladamente tem impacto direto no metabolismo, na atividade cardiopulmonar e/ou neuromuscular. Quando mais de uma variável é manipulada simultaneamente, as respostas são mais difíceis de prever, uma vez que os fatores estão inter-relacionados.

Recomendações são difíceis de oferecer, pois a maioria dos formatos HIIT, se adequadamente manipulada, pode permitir melhoras e agir conforme a aptidão de cada um (Buchheit e Laursen, 2013a):

- individualizar a intensidade do exercício;
- indivíduos treinados e atletas devem realizar exercícios que envolvem grandes grupos musculares.

Por meio dessa análise, pode-se fazer algumas observações antes de iniciar uma estrutura de treinamento:

- Independentemente do protocolo de HIIT, percebe-se que todos têm respostas fisiológicas positivas.
- A modalidade afeta diretamente os resultados, levando em consideração a aptidão e a quantidade de músculos envolvidos (quanto mais músculos, maior o gasto calórico).
- A intensidade máxima e a supramáxima atuam de maneira positivas, mas devem ser utilizadas com sabedoria e bom senso, para todos os públicos, desde os grupos especiais até os atletas.

Ribeiro et al. (2017) coloca três tipos de intervalos de ação no HIIT:

- *Intervalos longos*: de 3 a 15 min, a 85% a 90% do pico de consumo de oxigênio (VO$_2$pico).
- *Intervalos médios*: de 1 a 3 min, a 95% a 100% do VO$_2$pico.
- *Intervalos curtos*: de 10 s a 1 min, a 100% a 120% do VO$_2$pico.

Fletcher et al. (2001) demonstra outros modelos de densidade e de intensidade. A intensidade controlada, que pode ser submáxima, normalmente, acima de 80% e sempre inferior a 100% da intensidade associada ao VO$_2$máx; a intensidade máxima, quando a pessoa se exercita a 100% da vVO$_2$máx, da predição do consumo máximo de oxigênio (pVO$_2$máx) ou de variável mecânica associada ao VO$_2$máx; e a intensidade supramáxima, que é realizada acima de 100% da intensidade associada ao VO$_2$máx. Por exemplo, no protocolo de Tabata (Tabata et al., 1996), o esforço é feito a 170%, em que se classifica o treino não controlado, também chamado de *all-out*, no qual o praticante dá o máximo em sua percepção. Isso requer cuidado por parte de quem prescreve, monitora e aplica o treino.

Ribeiro et al. (2017) sugerem algumas contraindicações para a prática do HIIT. São elas: angina instável; revascularização coronária; hospitalização recente por causas cardiovasculares; marca-passo de taxa fixa; arritmias cardíacas descontroladas; estenose aórtica sintomática; hipertensão não controlada (180/100 mmHg); diabetes não controlado; doença cerebrovascular sintomática; intolerância ao exercício severo; embolia recente; embolia pulmonar aguda ou infarto pulmonar; miocardite aguda ou pericardite; endocardite ativa; transtorno agudo não cardíaco que pode afetar o desempenho agravada pelo exercício (por exemplo, infecção, insuficiência renal, tirotoxicose) (ACSM, 2006).

Para elaborar um treinamento de HIIT, é preciso levar em conta que ele requer diretamente a intensidade e os intervalos. Quando se fala em treinamento, consideram-se alguns aspectos como *volume*, que um requisito quantitativo. Ele representa a quantidade total de atividade, a soma do trabalho. Para avaliar o volume, é interessante selecionar uma medida, que pode ser: quilômetros corridos; tempo de ação; repetições por série; número de séries; peso em quilogramas (Bompa, 2001). O volume, por si só, é um dado insuficiente para programar ou avaliar um treino; sua dinâmica varia nas fases do treinamento.

Em geral, encontra-se o volume por meio da multiplicação das séries pela repetição e pelo peso, por exemplo, entre outras variáveis (Bossi, 2015):

- 3 × 10 (repetições) × 50 kg = 1.500 kg.
- 8 × 20 s × 10 s = 4 min, no total, 160 s de exercício e 80 s de intervalo.
- 10 × 100 m = 1.000 m.
- 2 × 12 (tiros) × 40 s = 8 min.
- 6 × 8 saltos = 48 saltos.
- 10 × 6 (*burpees*) = 60 *burpees*.

O volume para o HIIT desenvolver força, potência, velocidade, entre outras, varia conforme o modelo. Uma sessão de treinamento HIIT dura entre 3 e 45 min, dependendo do período de treinamento, da idade, do sexo, da intensidade etc.

Densidade

Densidade refere-se à frequência de treinamento e ao tempo de recuperação, tanto em séries quanto em sessões; quanto maior a pausa, menor a intensidade. Na potência e/ou velocidade de execução, há algumas dependências, como peso utilizado, potência e/ou velocidade de execução, exercício e número de repetições totais e por série. Cada repetição está relacionada à potência e à variação de intervalos, e leva a maior estresse e a menor tempo de execução. A densidade determina, também, a qualidade de velocidade e movimentos, sendo importante reconhecer os elementos psicológicos (Fleck e Kraemer, 2017).

Complexidade

A *complexidade* está relacionada ao nível de dificuldade ou à sofisticação de um exercício. No HIIE, os exercícios de calistenia podem ter nível de dificuldade, sendo, às vezes, necessário um processo metodológico e adaptativo. Isso também pode acontecer no HIRT, com exercícios de musculação; no SIT, em *sprints* realizados em planos inclinados ou declinados, entre vários outros exemplos, que podem causar problemas na aprendizagem, em virtude de um esforço muscular extra (Bompa, 2001).

2
ELABORAÇÃO DO TREINO

Para elaborar um programa de treinamento HIIT, é preciso analisar o cliente, entender seus objetivos e buscar satisfazê-los, realizar uma anamnese, verificar o histórico de atividade física do indivíduo, interrogar sobre quadros de doenças pessoais e familiares, estudar quais os procedimentos a serem tomados no treinamento de HIIT, mostrar a importância do treinamento para a qualidade de vida etc. Se o cliente tiver um objetivo estético, deve-se analisar sua composição corporal, sua similaridade muscular e seu desenho postural.

A busca pelo HIIT pode acontecer por carência afetiva; por convívio social; para ganho de força, de agilidade, de resistência ou de potência; por sedentarismo; por estresse; para estar na moda etc.

Para muitos que trabalham com treinamento de HIIT, montar um treino é simples, mas, depois de analisar o cliente, devem ser observados aspectos como: seleção de exercícios; respiração; repetições; cargas; intervalos entre as séries; séries totais; frequência das sessões; número e sequência dos exercícios; divisão de treino etc. (Bossi, 2015).

Equipamentos

O HIIT pode ser realizado em cicloergômetros, em esteiras, em elípticos, em piscinas, em pistas, na praia, com o uso do próprio peso corporal etc.

Os treinamentos intensos podem ser realizados em qualquer lugar, a depender da escolha do protocolo ou do treino.

Exercícios

A escolha dos exercícios é de fundamental importância para o sucesso do treinamento. O ângulo em que o exercício será realizado pode ter uma ação mais rápida e específica para os objetivos do cliente. Exercícios multiarticulares, como corrida, natação, elíptico, *burpee*, agachamento com salto, avanço, levantamento terra, entre outros, utilizam um aporte calórico maior e têm um estresse mecânico distribuído entre diversas articulações, o que faz mais exigências de vários grupos musculares. Os monoarticulares, como é o caso da cadeira extensora, da rosca Scott e do tríceps na polia, são indicados para o trabalho isolado de um grupo muscular, causando maior fadiga nos músculos.

Sequência de exercícios

Muito analisada por grandes treinadores e pesquisadores e, infelizmente, desprezada pela maioria dos profissionais, a sequência de exercícios deve ser minuciosamente estudada e analisada.

A combinação de exercícios gerais com localizados, pliométricos e deitados, entre outras ações, permite que o treinamento seja mais prolongado, em virtude da facilitação do retorno venoso e redução da frequência cardíaca (FC).

O estudo de Sforzo e Touey (1996) mostra que, quando os exercícios monoarticulares são executados antes dos multiarticulares, pode-se chegar a um declive de 75% no supino e de 22% no agachamento. Descobriu-se, também, que realizar o agachamento no início do treino possibilita maior número de repetições, sendo indicado para a hipertrofia (Spreuwenberg et al., 2006). A pré-exaustão pode ser realizada de várias maneiras, porém, analisando o método de pré-exaustão nos exercícios *leg press* e cadeira extensora, pode-se perceber que houve uma redução no recrutamento tanto do músculo quadríceps quanto do glúteo, o que pode prejudicar a força (Augustsson et al., 2003).

Número de repetições

O número de repetições está diretamente relacionado ao objetivo pretendido com a intensidade. Quanto maior o número de repetições realizadas em determinado tempo, maior será a intensidade do treino. Por vezes, são utilizadas muitas repetições nas primeiras séries e, depois, não se consegue manter o ritmo dos movimentos. Isso modifica os objetivos do treinamento, direcionando-o para resistência, e a característica fisiológica para o treino de resistência é o volume do treino, e não a intensidade.

Número de séries

O número de séries é de fundamental importância para a elaboração do treinamento no protocolo. Muitas vezes, ele é pré-estipulado, e é importante salientar que não precisa ser igual entre os exercícios. As séries são uma das formas de controle da intensidade e do volume do treinamento; quanto maior o número de séries, menor a intensidade de execução. A análise de Rhea et al. (2003) demonstrou que, tanto para indivíduos treinados quanto para não treinados, o número de 4 séries por exercício promove ganhos de força e de resistência; os indivíduos não treinados obtiveram esses ganhos com menor número de repetições. Ao aplicar 5 séries no treino, a pesquisa de Ralston et al. (2017) demonstrou que a sensação de dor muscular no dia seguinte é um bom parâmetro para quantificar o número de séries a ser utilizado.

Intervalos entre as séries

Dependem diretamente do condicionamento do cliente. Grupos especiais utilizam intervalos maiores, ao passo que pessoas com nível de treinamento mais avançado podem treinar com muita intensidade, até mesmo sem intervalo; por exemplo, um *tri-set* que não ultrapasse 1 min, sem interrupções no mesmo exercício ou no mesmo grupo muscular, pois, quanto maior o tempo de execução, menor a intensidade.

Descanso entre sessões

O descanso entre as sessões depende diretamente da capacidade de recuperação de cada cliente; três treinamentos por semana e um dia de descanso entre as sessões permitem uma recuperação adequada, especialmente para principiantes (Atha, 1981). Porém, Ide, Lopes e Sarraipa (2011) demonstram que 24 h de intervalo são suficientes para a recuperação.

Indivíduos altamente treinados podem ser capazes e ter a necessidade de treinamento de cinco dias ou mais seguidos. É importante que o indivíduo tolere a exigência física, de modo que não desenvolva estresse físico em virtude do excesso de treino. Quando são utilizados treinamentos em dias consecutivos, pode ser benéfico realizar exercícios e cargas diferentes e modalidades diferentes ou, até mesmo, grupos musculares diferentes (Fleck e Kraemer, 2017).

Respiração

Depende diretamente da modalidade, podendo ser (Bossi, 2007):
- *contínua*: o cliente respira livremente;
- *ativa*: o cliente inspira na fase concêntrica do exercício;
- *passiva*: o cliente expira na fase concêntrica do exercício;
- *bloqueada*: o cliente inspira, realiza as duas fases (concêntrica e excêntrica) e expira no final;
- *combinada*: o cliente bloqueia a respiração nas repetições mais difíceis.

Organização do treinamento

A estrutura no treino de HIIT deve ser planejada para satisfazer às necessidades e aos objetivos do indivíduo. Uma avaliação minuciosa é muito importante para identificar o nível de condicionamento físico do cliente (por exemplo, um teste de carga), mas não deve ser realizada enquanto não houver a certeza de que ele pode suportar a avaliação ou de que os dados são expressivos (Kraemer e Fry,1995).

Um dos erros mais graves feitos nos planejamentos de treinamento é colocar muito estresse para o cliente antes que ele possa suportar, daí a necessidade de saber quantificar e qualificar o treinamento. Quando o treino não é bem planejado, ele ultrapassa as possibilidades do cliente, que termina realizando a série de maneira incorreta.

Existem alguns pontos que devem ser observados e corrigidos no treinamento, para potencializar ao máximo o rendimento do HIIT; são eles (Bossi, 2016):

- perda da qualidade de movimento;
- não manutenção de cargas;
- não manutenção do número de repetições;
- não manutenção do número de séries;
- tontura;
- queda de pressão arterial;
- ânsia de vômito;
- não manutenção da velocidade;
- redução da amplitude de passada;
- estresse muscular demasiado;
- insônia;
- perda de apetite;
- olheira após o treino.

3
MODELOS DE ESTRUTURA DE TREINO

Inicialmente, é preciso visualizar o objetivo do cliente e ter o conhecimento de sua estrutura e capacidade físicas, de seu histórico de atividade física, de seus problemas patológicos, de seu perfil psicológico, entre outros. Independentemente dos objetivos, se o cliente for um iniciante e/ou fizer parte de grupos especiais, é necessário buscar uma adaptação geral, limitando-se à determinação dos componentes com maior ou menor importância nas variáveis; toda célula é capaz de adaptar-se, desde que não ultrapasse seus limites. Os objetivos da adaptação são ativar todos os músculos, os ligamentos e os tendões, para que eles se adaptem às cargas das próximas fases; criar uma estrutura corporal simétrica; prevenir lesões; e buscar maximizar o rendimento de músculos, de ligamentos e de tendões, para que não haja barreiras de rendimentos (Bompa, 2000).

Para iniciantes que nunca fizeram um treino de intensidade, o tempo necessário para a adaptação é maior do que para praticantes que já realizaram algum tipo de treinamento de intensidade, por exemplo, algum treinamento esportivo de médio ou alto rendimento, mas estão em destreino. Variações temporais de acordo com a frequência do cliente também têm influência nas adaptações.

Iniciantes

Deve-se começar um planejamento dentro dos objetivos previamente determinados pelo cliente e pelo profissional de Educação Física, dando início à elaboração do planejamento da sessão, da semana, do mês e do período de adaptação.

Para elaborar as primeiras sessões de um cliente saudável que nunca realizou qualquer tipo de treinamento intenso, deve-se, primeiramente, fazer uma avaliação física, em busca de informações como circunferências, diâmetros, dobras cutâneas, dinamometria, testes de resistência e flexibilidade, pressão arterial, ausculta cardíaca, anamnese completa e exames médicos. Saber quais os objetivos é fundamental, pois é por meio deles que se realizará o planejamento e a primeira sessão.

A seguir, apresenta-se uma sugestão para iniciar o planejamento para um cliente que nunca praticou nenhuma espécie de HIIT e que está apto para realização do treinamento individualizado ou em pequenos grupos, em uma academia e/ou estúdio de *personal trainer*.

- *Aquecimento*: geral, de 5 a 10 min, que pode ser realizado em bicicleta, esteira, *step*, elíptico, entre outros aparelhos. Trabalho de soltura articular e flexibilidade, buscando realizar movimentos antagônicos e similares àqueles que serão realizados nos exercícios.
- *Execução*: o principal propósito dessa fase é a adaptação à execução dos exercícios, que deverão ser realizados com intensidade. Vale lembrar que se trata de um iniciante; portanto, se ele colocar muita intensidade no início, não conseguirá concluir o treino.

- *Respiração*: deve ocorrer de maneira contínua, respirando-se livremente.
- *Exercícios*: utilizá-los de acordo com os interesses do cliente, como cicloergômetros, esteiras, elípticos, remos, calistenia, natação, musculação, entre outros, dependendo diretamente da disponibilidade da academia e ou do estúdio de *personal trainer*, mas é sempre interessante ir ao encontro das preferências do cliente, para atingir um melhor estímulo psicológico. Exercícios que produzam desconforto, falta de equilíbrio, dores articulares, sensação de estiramento ou contratura devem ser substituídos (Santarém, 1995).
- *Carga de treino*: deve ser adotada de maneira empírica, leve e adequada, para que se realizem os intervalos ou o número ideal de repetições; nessa fase, o objetivo é observar detalhes de execução.
- *Repetições*: devem ser realizadas de acordo com o exercício ou o tempo. O número deve ser individualizado, tendo como referência a manutenção correta do movimento, variando entre 10 e 30 s (no máximo), em razão do despreparo do cliente.
- *Séries*: dependerão da forma física do cliente. Cada exercício deve ser realizado entre 1 e 5 séries; após isso, deve ser incrementada uma macropausa para recuperação e para que não ocorra fadiga precoce (Guedes Jr., 1997). A sensação de dor no dia seguinte pode ser um parâmetro para graduar o número de séries (Bossi, 2015).
- *Intervalo*: deve ser mais prolongado, entre 40 e 60 s para iniciantes; assim, mantém-se a intensidade.
- *Frequência*: 3 vezes por semana em dias alternados, para que ocorra um bom anabolismo.

Treinos para iniciantes

Treino de adaptação SIT com cicloergômetro para iniciantes

Figura 3.1 – SIT na bicicleta ergométrica.
Fonte: kzenon (iStockphoto).

Exemplo de primeira sessão de treino

3 séries de 4 *sprints* de 15 s, com 60 s de intervalo, 4 min entre as séries e descanso passivo (48 h de intervalo entre uma sessão e outra).

Exemplo de segunda sessão de treino

3 séries de 4 *sprints* de 15 s, com 50 s de intervalo, 4 min entre as séries e descanso passivo (48 h de intervalo entre uma sessão e outra).

Exemplo de terceira sessão de treino

3 séries de 4 *sprints* de 20 s, com 50 s de intervalo, 4 min entre as séries e descanso passivo (48 h de intervalo entre uma sessão e outra).

Exemplo de quarta sessão de treino

3 séries de 4 *sprints* de 20 s, com 40 s de intervalo, 4 min entre as séries e descanso passivo (48 h de intervalo entre uma sessão e outra).

Exemplo de quinta sessão de treino

3 séries de 5 *sprints* de 20 s, com 40 s de intervalo, 4 min entre as séries e descanso passivo (48 h de intervalo entre uma sessão e outra).

Exemplo de sexta sessão de treino

3 séries de 5 *sprints* de 20 s, com 40 s de intervalo, 3 min entre as séries e descanso passivo (48 h de intervalo entre uma sessão e outra).

Exemplo de sétima sessão de treino

3 séries de 5 *sprints* de 20 s, com 30 s de intervalo, 3 min entre as séries e descanso passivo (48 h de intervalo entre uma sessão e outra).

Exemplo de oitava sessão de treino

3 séries de 5 *sprints* de 20 s, com 30 s de intervalo, 3 min entre as séries e descanso ativo (48 h de intervalo entre uma sessão e outra).

Exemplo de nona sessão de treino

4 séries de 5 *sprints* de 20 s, com 30 s de intervalo, 3 min entre as séries e descanso ativo (48 h de intervalo entre uma sessão e outra).

Exemplo de décima sessão de treino

4 séries de 5 *sprints* de 20 s, com 30 s de intervalo, 2min30s entre as séries e descanso ativo (48 h de intervalo entre uma sessão e outra).

Na realidade, esse exemplo de 10 treinos pode ser utilizado para adaptação e para conhecer o cliente, analisar a FC, a velocidade no cicloergômetro, o ritmo de pedaladas, a fadiga etc.

Nesse momento, tanto a carga quanto a intensidade são adotadas de maneira empírica, uma vez que realizar uma avaliação do VO_2 e da FC antes de começar o treinamento seria inviável, em razão das adaptações fisiológicas geradas no início dos treinos. Depois que se começa a conhecer o cliente (12 a 20 sessões), pode-se realizar os testes.

Vale lembrar que se trata apenas de um exemplo prático e que nunca se deve esquecer a individualidade biológica de cada um.

Treino de adaptação SIT com esteira para iniciantes

FIGURA 3.2 – SIT na esteira.
Fonte: Geber86 (iStockphoto).

Exemplo de primeira sessão de treino

3 séries de 4 *sprints* de 10 s, com 60 s de intervalo, 4 min entre as séries e descanso passivo (48 h de intervalo entre uma sessão e outra).

Exemplo de segunda sessão de treino

3 séries de 5 *sprints* de 10 s, com 60 s de intervalo, 4 min entre as séries e descanso passivo (48 h de intervalo entre uma sessão e outra).

Exemplo de terceira sessão de treino

3 séries de 5 *sprints* de 10 s, com 50 s de intervalo, 4 min entre as séries e descanso passivo (48 h de intervalo entre uma sessão e outra).

Exemplo de quarta sessão de treino

3 séries de 5 *sprints* de 15 s, com 50 s de intervalo, 4 min entre as séries e descanso passivo (48 h de intervalo entre uma sessão e outra).

Exemplo de quinta sessão de treino

3 séries de 5 *sprints* de 15 s, com 40 s de intervalo, 4 min entre as séries e descanso passivo (48 h de intervalo entre uma sessão e outra).

Exemplo de sexta sessão de treino

3 séries de 5 *sprints* de 20 s, com 40 s de intervalo, 3 min entre as séries e descanso passivo (48 h de intervalo entre uma sessão e outra).

Exemplo de sétima sessão de treino

3 séries de 5 *sprints* de 20 s, com 30 s de intervalo, 3 min entre as séries e descanso passivo (48 h de intervalo entre uma sessão e outra).

Exemplo de oitava sessão de treino

3 séries de 6 *sprints* de 20 s, com 30 s de intervalo, 3 min entre as séries e descanso passivo (48 h de intervalo entre uma sessão e outra).

Exemplo de nona sessão de treino

3 séries de 6 *sprints* de 20 s, com 30 s de intervalo, 2min30s entre as séries e descanso ativo (48 h de intervalo entre uma sessão e outra).

Exemplo de décima sessão de treino

3 séries de 6 *sprints* de 20 s, com 30 s de intervalo, 2min30s entre as séries e descanso ativo (48 h de intervalo entre uma sessão e outra).

O descanso passivo em treino com esteira deve ocorrer fora do equipamento, e o cliente deve ser bem-orientado para isso. A saída da esteira deve dar-se pela parte lateral, com um dos pés, ou com os dois, um de cada lado. Esses 10 treinos também devem ser utilizados para a análise da adaptação do cliente e para conhecê-lo melhor, analisando a FC, a velocidade na esteira, o ritmo de passadas, a amplitude de passadas, a fadiga etc. A carga e a intensidade do cliente são adotadas de maneira empírica, uma vez que realizar uma avaliação do VO_2 e da FC antes de começar os treinamentos seria inviável, em razão das adaptações fisiológicas geradas no início do treino. Depois que se começa a conhecer o cliente (6 a 12 sessões), pode-se realizar os testes.

Vale lembrar que se trata apenas de um exemplo prático e que nunca se deve esquecer a individualidade biológica de cada um.

O SIT ainda pode ser realizado em outros equipamentos, como no remo estacionário, no elíptico, na pista, na piscina, entre outros.

Treino de adaptação HIRT para iniciantes

O HIRT deve ser realizado na sala de musculação e pode ser feito por número de repetições ou por tempo de execução.

Figura 3.3 – HIRT: musculação.
Fonte: MRBIG_PHOTOGRAPHY (iStockphoto).

Exemplo de primeira sessão de treino

2 séries de 6 repetições (ou de 15 s), com 60 s de intervalo entre as séries e os exercícios (48 h de intervalo entre uma sessão e outra).

Agachamento
Puxador fechado
Supino reto
Elevação lateral
Tríceps na polia
Rosca direta

Exemplo de segunda sessão de treino

2 séries de 6 repetições (ou de 15 s), com 60 s de intervalo entre as séries e os exercícios (48 h de intervalo entre uma sessão e outra).

Agachamento
Puxada aberta pela frente
Supino inclinado
Desenvolvimento pela frente
Tríceps testa
Rosca alternada

Exemplo de terceira sessão de treino

3 séries de 6 repetições (ou de 15 s), com 60 s de intervalo entre as séries e os exercícios (48 h de intervalo entre uma sessão e outra).

Agachamento
Remada convergente
Fly reto
Remada alta
Tríceps coice
Rosca Scott
Avanço

Exemplo de quarta sessão de treino

3 séries de 7 repetições (ou de 18 s), com 60 s de intervalo entre as séries e os exercícios (48 h de intervalo entre uma sessão e outra).

Agachamento
Remada cavalinho
Supino declinado
Elevação frontal
Tríceps inverso na polia
Rosca unilateral na polia
Leg press
Remada unilateral

Exemplo de quinta sessão de treino

3 séries de 7 repetições (ou de 18 s), com 50 s de intervalo entre as séries e os exercícios (48 h de intervalo entre uma sessão e outra).

Avanço
Puxada fechada
Supino reto
Desenvolvimento atrás
Tríceps na polia com corda
Rosca direta com barra W
Remada cavalinho
Fly inclinado

Exemplo de sexta sessão de treino

3 séries de 8 repetições (ou de 20 s), com 50 s de intervalo entre as séries e os exercícios (48 h de intervalo entre uma sessão e outra).

Agachamento
Leg press
Puxador fechado
Remada sentada na polia
Supino reto
Peck deck
Elevação lateral
Desenvolvimento convergente
Tríceps paralelo
Rosca inversa

Exemplo de sétima sessão de treino

3 séries de 8 repetições (ou de 20 s), com 45 s de intervalo entre as séries e os exercícios (48 h de intervalo entre uma sessão e outra).

Agachamento
Cadeira extensora
Puxada fechada
Puxada aberta pela frente
Supino reto
Fly declinado
Elevação lateral
Remada alta na polia
Tríceps francês (acima da cabeça)
Rosca concentrada

Exemplo de oitava sessão de treino

3 séries de 9 repetições (ou de 23 s), com 45 s de intervalo entre as séries e os exercícios (48 h de intervalo entre uma sessão e outra).

Agachamento
Avanço
Puxada fechada
Remada unilateral
Supino reto
Crucifixo no *crossover*
Elevação lateral
Desenvolvimento com halteres
Tríceps na polia
Rosca alternada
Leg press

Exemplo de nona sessão de treino

3 séries de 9 repetições (ou de 23 s), com 40 s de intervalo entre as séries e os exercícios (48 h de intervalo entre uma sessão e outra).

Modelos de estrutura de treino

Leg press
Cadeira extensora
Remada cavalinho
Remada sentada com pegada aberta
Supino inclinado
Crucifixo inclinado
Desenvolvimento pela frente
Elevação frontal
Tríceps testa
Rosca na polia
Mesa flexora
Crossover

Exemplo de décima sessão de treino

3 séries de 10 repetições (ou de 25 s), com 40 s de intervalo entre as séries e os exercícios (48 h de intervalo entre uma sessão e outra).

Agachamento
Leg press
Puxada fechada
Remada convergente
Supino reto
Supino declinado
Elevação lateral
Remada alta
Tríceps na polia
Tríceps coice
Rosca direta
Rosca Scott

Depois de 10 sessões, nota-se que a duração do treino começa a ficar um pouco longa e começa-se a reduzir a qualidade (intensidade) do treino, tornando necessário o parcelamento dos treinos, e, às vezes, o aumento dos treinos semanais.

Treino de adaptação HIIE para iniciantes

Figura 3.4 – HIIE: calistenia – exercícios com o peso do corpo.
Fonte: fotostorm (iStockphoto).

O HIIE deve ser realizado com o peso do próprio corpo. É, atualmente, uma das principais tendências mundiais do *fitness* (Thompson, 2017) e vem sendo muito utilizado em parques, praias, estúdios de *personal trainers* e na própria casa do cliente, por meio de exercícios intensos de calistenia. Pode ser feito por tempo de execução ou por número de repetições.

Exemplo de primeira sessão de treino

2 séries de 6 repetições (ou de 15 s), com 60 s de intervalo entre as séries e os exercícios (48 h de intervalo entre uma sessão e outra).

Jumping jack
Squat
Push-up
Jump 180°
Abdominais oblíquos
Butt kicks

Exemplo de segunda sessão de treino

2 séries de 6 repetições (ou de 15 s), com 55 s de intervalo entre as séries e os exercícios (48 h de intervalo entre uma sessão e outra).

Lateral jumps
Supine hip raise
Lunges
Bent knee dip
High knees
Incline push-up

Exemplo de terceira sessão de treino

3 séries de 6 repetições (ou de 15 s), com 55 s de intervalo entre as séries e os exercícios (48 h de intervalo entre uma sessão e outra).

Skier jumping jack
Knee-ins
Lateral jumps
Knee in single leg
L step-up
Supine hip raise to leg extension
Elevated reverse lunge

Exemplo de quarta sessão de treino

3 séries de 7 repetições (ou de 18 s), com 50 s de intervalo entre as séries e os exercícios (48 h de intervalo entre uma sessão e outra).

Low step toe taps
Supine hip raise
Mountain climber
Abs crunch
Lunge rotation
One-arm dumbbell snatch
Lateral lunge
Lateral leg swing

Exemplo de quinta sessão de treino

3 séries de 7 repetições (ou de 18 s), com 45 s de intervalo entre as séries e os exercícios (48 h de intervalo entre uma sessão e outra).

Abdominais oblíquos
Reverse lunge
Straight leg dip
Dumbbell curl
Butt kicks
Incline push-up
Jumping jack – alternate hands
Abs crunch

Exemplo de sexta sessão de treino

3 séries de 8 repetições (ou de 20 s), com 45 s de intervalo entre as séries e os exercícios (48 h de intervalo entre uma sessão e outra).

Russian twist
Squat
Supine hip raise to leg extension

Incline curl
Low step toe taps
Elevated reverse lunge
Knee-ins
Lateral jumps

Exemplo de sétima sessão de treino

3 séries de 8 repetições (ou de 20 s), com 45 s de intervalo entre as séries e os exercícios (48 h de intervalo entre uma sessão e outra).

Butt kicks
Squat
Abs crunch
Jump 180°
Abdominais oblíquos
Bent knee dip
Concentration curl
Incline push-up – single leg
Jump jack – alternate hands

Exemplo de oitava sessão de treino

3 séries de 9 repetições (ou de 23 s), com 45 s de intervalo entre as séries e os exercícios (48 h de intervalo entre uma sessão e outra).

Skier jumping jack
Incline push-up
Lateral jumps
Knee-ins
Lunge
Lateral leg swing
Lateral raise
Incline crush
Squat

Exemplo de nona sessão de treino

3 séries de 9 repetições (ou de 23 s), com 40 s de intervalo entre as séries e os exercícios (48 h de intervalo entre uma sessão e outra).

One-arm dumbbell snatch
Lateral lunge
Lateral leg swing
Butt kicks
Squat
Abs crunch
Lunge rotation

Exemplo de décima sessão de treino

3 séries de 10 repetições (ou de 25 s), com 40 s de intervalo entre as séries e os exercícios (48 h de intervalo entre uma sessão e outra).

Lunge rotation
Incline leg/Hip raise
Mountain climber
Russian twist
Reverse lunge
Supine hip raise to leg extension

Elevação lateral
Remada alta
Tríceps na polia
Tríceps coice
Rosca direta
Rosca Scott

Depois de 10 sessões, nota-se que a duração do treino começa a ficar muito longa e começa-se a reduzir a qualidade (intensidade) do treino, tornando necessário o parcelamento dos treinos, e, às vezes, o aumento dos treinos semanais.

Intermediário

Nesse nível, deve-se aumentar o número de exercícios e de séries. Exercícios (HIRT e HIIE) e protocolos novos devem continuar sendo demonstrados ao cliente, porém, é preciso iniciar a manutenção de alguns exercícios, para maior controle do treino para análises de resultados como resistência, agilidade, velocidade e força. O treino não deve ficar longo; para que se mantenha a intensidade e a motivação, o parcelamento por segmento torna-se necessário no HIRT e no HIIE. O aumento no número de dias pode ser necessário, em virtude do parcelamento e/ou do condicionamento fisiológico.

- *Execução*: o principal objetivo dessa fase é realizar os exercícios com mais intensidade, com postura adequada nos equipamentos (cicloergômetro sem sentar), com angulações completas em exercícios, manutenção da velocidade de execução.
- *Respiração*: no caso do HIIE e do HIRT, deve-se continuar de maneira passiva, realizando-se a expiração na fase concêntrica e a inspiração, na excêntrica (Rodrigues e Carnaval, 1985). Já no caso do SIT, deve manter-se contínua.
- *Exercícios*: no HIRT e no HIIE, devem-se utilizar exercícios básicos, para a manutenção da força, e variados, para maior recrutamento de unidades motoras.
- *Sequência dos exercícios*: nessa fase, utiliza-se a prioridade muscular, realizando-se primeiro os grandes grupos musculares e, depois, os pequenos, para o HIRT e o HIIE.
- *Carga de treino*: deve ser adotada de maneira empírica, porém, agora, de modo que não seja leve, mas, sim, adequada, para que se realizem os intervalos ou o número ideal de repetições. Nessa fase, o objetivo é buscar a intensidade e a postura na execução do movimento (Pereira e Souza Jr., 2005).

- *Repetições*: devem ser realizadas de acordo com os exercícios ou o tempo. O número deve ser individualizado, tendo como referência a manutenção correta do movimento, variando entre 20 e 30 s (no máximo), em razão do condicionamento do cliente adquirido na fase anterior.
- *Séries*: o número de séries depende do protocolo utilizado na sessão e na semana de treino; deve ser de, no mínimo, 6 séries, e pode chegar a 40.
- *Intervalo*: depende diretamente do protocolo, sendo importante a necessidade de realizar sempre o recrutamento muscular e não permitir as barreiras de rendimento.
- *Frequência*: de 3 a 4 vezes por semana; se possível, em dias alternados.

A seguir, demonstra-se como organizar treinos de SIT, HIIE e HIRT para o nível intermediário.

Vale lembrar que, como no exemplo anterior, os clientes devem realizar apenas 10 sessões, para, então, dar-se continuidade ao trabalho de maneira empírica, porém mais intensa.

Treino de adaptação SIT com cicloergômetro para intermediários

Figura 3.5 – SIT: exercício na bicicleta ergométrica.
Fonte: tankist276 (iStockphoto).

Exemplo de primeira sessão de treino

6 séries de 4 *sprints* de 20 s, com 40 s de intervalo, 4 min entre as séries e descanso passivo (48 h de intervalo entre uma sessão e outra).

Exemplo de segunda sessão de treino

6 séries de 4 *sprints* de 20 s, com 40 s de intervalo, 3min30s entre as séries e descanso passivo (48 h de intervalo entre uma sessão e outra).

Exemplo de terceira sessão de treino

6 séries de 4 *sprints* de 20 s, com 30 s de intervalo, 3min30s entre as séries e descanso passivo (48 h de intervalo entre uma sessão e outra).

Exemplo de quarta sessão de treino

6 séries de 4 *sprints* de 20 s, com 30 s de intervalo, 3 min entre as séries e descanso passivo (48 h de intervalo entre uma sessão e outra).

Exemplo de quinta sessão de treino

6 séries de 5 *sprints* de 20 s, com 30 s de intervalo, 3 min entre as séries e descanso passivo (48 h de intervalo entre uma sessão e outra).

Exemplo de sexta sessão de treino

6 séries de 5 *sprints* de 20 s, com 30 s de intervalo, 2min30s entre as séries e descanso passivo (48 h de intervalo entre uma sessão e outra).

Exemplo de sétima sessão de treino

6 séries de 5 *sprints* de 20 s, com 25 s de intervalo, 2min30s entre as séries e descanso passivo (48 h de intervalo entre uma sessão e outra).

Exemplo de oitava sessão de treino

6 séries de 5 *sprints* de 20 s, com 25 s de intervalo, 2min30s entre as séries e descanso ativo (48 h de intervalo entre uma sessão e outra).

Exemplo de nona sessão de treino

6 séries de 5 *sprints* de 20 s, com 25 s de intervalo, 2 min entre as séries e descanso ativo (48 h de intervalo entre uma sessão e outra).

Exemplo de décima sessão de treino

6 séries de 5 *sprints* de 20 s, com 20 s de intervalo, 2 min entre as séries e descanso ativo (48 h de intervalo entre uma sessão e outra).

Na realidade, esse exemplo de 10 treinos pode ser utilizado para introduzir variáveis de intensidade para o cliente, analisar a FC, a velocidade no cicloergômetro, o ritmo de pedaladas, a fadiga etc. É de fundamental importância para compreender se a intensidade está sendo ajustada de maneira adequada.

Nesse momento, tanto a carga quanto a intensidade do cliente devem permanecer adotadas de maneira empírica, uma vez que realizar uma avaliação de VO_2 e FC antes de começar o treinamento seria inviável, ainda em razão das adaptações fisiológica geradas nessa fase dos treinos.

Vale lembrar que se trata apenas de um exemplo prático e que nunca se deve esquecer a individualidade biológica de cada um.

Treino de adaptação SIT com esteira para intermediários

Figura 3.6 – SIT: exercício na esteira.
Fonte: shironosov (iStockphoto).

Exemplo de primeira sessão de treino

6 séries de 4 *sprints* de 20 s, com 40 s de intervalo, 4 min entre as séries e descanso passivo (de 24 a 72 h de intervalo entre uma sessão e outra).

Exemplo de segunda sessão de treino

6 séries de 4 *sprints* de 20 s, com 40 s de intervalo, 3min30s entre as séries com descanso passivo (de 24 a 72 h de intervalo entre uma sessão e outra).

Exemplo de terceira sessão de treino

5 séries de 5 *sprints* de 20 s, com 30 s de intervalo, 3min20s entre as séries e descanso passivo (de 24 a 72 h de intervalo entre uma sessão e outra).

Modelos de estrutura de treino 63

Exemplo de quarta sessão de treino

5 séries de 5 *sprints* de 20 s, com 30 s de intervalo, 3 min entre as séries e descanso passivo (de 24 a 72 h de intervalo entre uma sessão e outra).

Exemplo de quinta sessão de treino

4 séries de 6 *sprints* de 20 s, com 30 s de intervalo, 3 min entre as séries e descanso passivo (de 24 a 72 h de intervalo entre uma sessão e outra).

Exemplo de sexta sessão de treino

4 séries de 6 *sprints* de 20 s, com 30 s de intervalo, 2min30s entre as séries e descanso passivo (de 24 a 72 h de intervalo entre uma sessão e outra).

Exemplo de sétima sessão de treino

3 séries de 7 *sprints* de 20 s, com 25 s de intervalo com 2min30s entre as séries e descanso passivo (de 24 a 72 h de intervalo entre uma sessão e outra).

Exemplo de oitava sessão de treino

3 séries de 7 *sprints* de 20 s, com 25 s de intervalo, 2min30s entre as séries e descanso ativo (de 24 a 72 h de intervalo entre uma sessão e outra).

Exemplo de nona sessão de treino

3 séries de 7 *sprints* de 20 s, com 25 s de intervalo, 2 min entre as séries e descanso ativo (de 24 a 72 h de intervalo entre uma sessão e outra).

Exemplo de décima sessão de treino

6 séries de 7 *sprints* de 20 s, com 20 s de intervalo, 2 min entre as séries e descanso ativo (de 24 a 72 h de intervalo entre uma sessão e outra).

O descanso entre os tiros pode ser passivo ou ativo. Quando for descanso passivo, o cliente deve sair de uma esteira elétrica para a parte lateral do aparelho, com um dos pés ou com os dois pés, um de cada lado; se a esteira for mecânica, é preciso desacelerar e parar sobre a manta. Quando for descanso ativo, o cliente deve caminhar na esteira.

Esses 10 treinos devem ser utilizados para a análise do número de passadas, da velocidade, da inclinação, de possíveis ajustes posturais, da FC, da amplitude de passadas, da fadiga etc. A velocidade e a intensidade do cliente são adotadas de maneira empírica, uma vez que realizar uma avaliação do VO_2 e da FC antes de começar o treinamento seria inviável, em razão das adaptações fisiológicas geradas no início dos treinos. Começa-se a conhecer o cliente por volta de 10 a 20 sessões.

Vale lembrar que se trata apenas de um exemplo prático e que nunca se deve esquecer a individualidade biológica de cada um.

O SIT ainda pode ser realizado em outros equipamentos, como no remo estacionário, no elíptico, na pista, na piscina, entre outros.

Treino de adaptação HIRT para intermediário

O HIRT, na fase intermediária, deve ter o treinamento parcelado por grupos musculares. A combinação ideal de treinos desses músculos varia de pessoa para pessoa. Por isso, demonstram-se várias maneiras de combinação e o porquê da escolha de alguns exercícios. O planejamento pode ser estruturado pelo número de repetições ou pelo tempo de execução. Serão descritos um treino masculino e, depois, um feminino.

Modelos de estrutura de treino 65

Treino de adaptação HIRT para intermediários (masculino)

Figura 3.7 – HIRT: musculação (masculino).
Fonte: shironosov (iStockphoto).

Exemplo de primeira sessão de treino

3 séries de 8 repetições (ou de 20 s), com 60 s de intervalo (24 h de intervalo entre uma sessão e outra).

Supino
Crucifixo
Supino inclinado
Elevação lateral
Desenvolvimento pela frente
Tríceps testa
Tríceps na polia com corda
Abdominal com *medicine ball*

Observação: o exercício crucifixo terá uma ação isométrica sobre o bíceps braquial, o braquial e o braquiorradial, mas, por ser o único exercício a ter tal influência, não será suficiente para atrapalhar o treino de bíceps do dia seguinte.

Exemplo de segunda sessão de treino

3 séries de 8 repetições (ou de 20 s), com 60 s de intervalo entre as séries e os exercícios (48 h de intervalo entre uma sessão e outra).

Agachamento
Leg press
Flexora em pé
Puxada aberta pela frente
Remada unilateral
Remada cavalinho aberta
Rosca direta com barra W
Rosca inversa
Flexão plantar

Exemplo de terceira sessão de treino

3 séries de 8 repetições (ou de 20 s), com 60 s de intervalo entre as séries e os exercícios (24 h de intervalo entre uma sessão e outra).

Supino
Supino declinado
Crossover
Puxada fechada
Remada convergente
Pullover
Desenvolvimento atrás
Elevação lateral na máquina
Abdominal em prancha inclinada

Exemplo de quarta sessão de treino

3 séries de 8 repetições (ou de 20 s), com 60 s de intervalo entre as séries e os exercícios (72 h de intervalo entre uma sessão e outra).

Tríceps testa na polia
Tríceps inverso
Agachamento
Cadeira extensora
Avanço
Rosca concentrada
Rosca Scott
Flexão plantar no *leg press*

Observação: os exercícios de tríceps têm um rendimento menor, em virtude de sua participação de maneira secundária no dia anterior em alguns outros exercícios (supino, supino declinado, puxada fechada, remada convergente, *pullover* e desenvolvimento atrás). Por isso, deve-se iniciar com eles, para que não haja um desgaste fisiológico ainda maior e, como o intervalo de um treino para o outro será de 72 h, o cliente conseguirá reabilitar-se para a próxima sessão.

Exemplo de quinta sessão de treino

3 séries de 8 repetições (ou de 20 s), com 50 s de intervalo entre as séries e os exercícios (24 h de intervalo entre uma sessão e outra).

Agachamento no Smith
Hack
Subida no banco
Supino
Peck deck
Fly
Rosca direta na polia
Rosca alternada
Flexão plantar unilateral

Exemplo de sexta sessão de treino

3 séries de 8 repetições (ou de 20 s), com 50 s de intervalo entre as séries e os exercícios (48 h de intervalo entre uma sessão e outra).

Remada sentada aberta na polia
Peck deck invertido
Remada cavalinho aberta
Tríceps na polia
Tríceps coice
Elevação frontal
Elevação de ombros (elevação da escápula)
Abs crunch na polia

Observação: o treino anterior de bíceps pode interferir negativamente no treinamento de dorsais, por isso a escolha de exercícios com abdução horizontal, pois, nestes, o ângulo de flexão do cotovelo é reduzido. A escolha dos exercícios de peito é essencial para não afetar o treino de tríceps. Nesse caso, nem o *peck deck* nem o *fly* afetam o tríceps, porém, os três exercícios de peitoral afetam o treino de ombro (deltoides). Por esses motivos, foi feita a escolha da elevação da escápula (trapézio, elevador da escápula e romboide).

Exemplo de sétima sessão de treino

3 séries de 8 repetições (ou de 20 s), com 40 s de intervalo entre as séries e os exercícios (24 h de intervalo entre uma sessão e outra).

Desenvolvimento convergente unilateral
Elevação unilateral com banco inclinado
Rosca concentrada
Rosca unilateral no banco Scott
Tríceps inverso unilateral na polia
Tríceps francês unilateral

Abdominais oblíquos
Flexão plantar unilateral no *leg press*

Observação: como a combinação foi de apenas músculos "pequenos", e são utilizados dois exercícios por grupamento, acrescenta-se um para abdome e um para pernas. Deve-se escolher exercícios unilaterais, para que o tempo do treino não fique reduzido.

Exemplo de oitava sessão de treino

3 séries de 8 repetições (ou de 20 s), com 40 s de intervalo entre as séries e os exercícios (72 h de intervalo entre uma sessão e outra).

Levantamento terra
Cadeira extensora
Mesa flexora
Puxador fechado
Remada sentada
Puxador frontal aberto
Supino
Supino inclinado
Supino declinado

Observação: a ideia dessa combinação utilizando "grandes" grupos musculares após um treinamento de "pequenos" grupos musculares é a de tentar atingir um nível de estresse muscular maior, uma vez que as 72 h de intervalo para o próximo treino serão suficientes para a recuperação. Existe uma grande possibilidade de redução de cargas em razão de fadiga dos músculos treinados no dia anterior. Pesquisas como a de Holzbaur et al. (2007) demonstram que o tríceps é maior do que o peitoral, por isso o uso das aspas em "grandes" e "pequenos" grupos musculares.

*****

Com essas oito sessões, é possível identificar as melhores combinações de grupamentos musculares, as sequências dos grupos, as respostas à intensidade e ao volume de treino e estruturar o planejamento com a individualidade biológica.

Nesse ponto, identifica-se que a duração do treino começa a ficar um pouco longa e começa-se a reduzir a qualidade (intensidade) do treino, tornando-se necessário o parcelamento dos treinos e, às vezes, o aumento de treinos semanais.

Treino de adaptação HIRT para intermediários (feminino)

Figura 3.8 – HIRT: musculação (feminino).
Fonte: Sofia Zhuravets (iStockphoto).

O HIRT tem um treinamento diferenciado para mulheres do nível intermediário, uma vez que os objetivos estéticos e psicológicos estão diretamente ligados aos membros inferiores.

Para obter uma resposta motivacional, elas devem treinar membros inferiores todos os dias. Além disso, não se pode esquecer o aspecto biomecânico, pois as mulheres têm quadris mais largos, o que possibilita maior uso de cargas, e ombros mais estreitos, o que reduz ações mecânicas.

Exemplo de primeira sessão de treino

3 séries de 8 repetições (ou de 20 s), com 60 s de intervalo entre as séries e os exercícios (24 h de intervalo entre uma sessão e outra).

Cadeira extensora
Cadeira extensora unilateral
Flexão do quadril (apolete, polia, tornozeleira)
Crucifixo
Supino
Elevação lateral
Desenvolvimento com halteres
Tríceps testa
Tríceps na polia

Observação: parte anterior isolando quadríceps e flexores do quadril.

Exemplo de segunda sessão de treino

3 séries de 8 repetições (ou de 20 s), com 60 s de intervalo entre as séries e os exercícios (48 h de intervalo entre uma sessão e outra).

Mesa flexora
Stiff
Extensão do quadril (tornozeleiras, polia, apolete)
Puxada fechada
Remada unilateral
Rosca direta com barra W
Rosca alternada
Flexão plantar
Abdominal com pernas elevadas
Abdominal oblíquos

Observação: parte posterior isolando cadeia muscular posterior.

Exemplo de terceira sessão de treino

3 séries de 8 repetições (ou de 20 s), com 60 s de intervalo entre as séries e os exercícios (24 h de intervalo entre uma sessão e outra).

Adução do quadril por trás na polia
Adução do quadril com tornozeleira
Cadeira adutora
Supino declinado
Crossover
Pullover
Remada convergente
Elevação lateral na máquina
Abdominal na prancha inclinada
Abdominal na prancha inclinada com rotação

Observação: parte medial isolando adutor (pectíneo, adutor curto, adutor longo, adutor magno, grácil).

Exemplo de quarta sessão de treino

3 séries de 8 repetições (ou de 20 s), com 60 s de intervalo entre as séries e os exercícios (72 h de intervalo entre uma sessão e outra).

Agachamento
Avanço
Leg press
Hack
Tríceps inverso
Rosca Scott
Flexão plantar no *leg press*

Observação: treino estimulando membros inferiores de maneira geral.

Exemplo de quinta sessão de treino

3 séries de 8 repetições (ou de 20 s), com 50 s de intervalo entre as séries e os exercícios (24 h de intervalo entre uma sessão e outra).

Abdução do quadril na polia
Abdução do quadril com tornozeleira, em quatro apoios
Adução do quadril na polia
Adução do quadril em suspensão
Peck deck
Fly
Rosca direta na polia
Rosca alternada
Flexão plantar unilateral

Exemplo de sexta sessão de treino

3 séries de 8 repetições (ou de 20 s), com 50 s de intervalo entre as séries e os exercícios (48 h de intervalo entre uma sessão e outra).

Agachamento
Subida no banco
Cadeira extensora
Mesa flexora
Peck deck invertido
Remada cavalinho aberta
Tríceps coice
Elevação frontal
Abs crunch na polia
Flexão do quadril na tipoia (suspenso)

Exemplo de sétima sessão de treino

3 séries de 8 repetições (ou de 20 s), com 40 s de intervalo entre as séries e os exercícios (24 h de intervalo entre uma sessão e outra).

Avanço andando
Leg press
Extensão de quadril (polia, tornozeleira)
Desenvolvimento convergente
Elevação lateral
Rosca Scott
Tríceps francês
Abdominal oblíquo
Abdominal na máquina
Flexão plantar unilateral no *leg press*

Exemplo de oitava sessão de treino

3 séries de 8 repetições (ou de 20 s), com 40 s de intervalo entre as séries e os exercícios (72 h de intervalo entre uma sessão e outra).

Agachamento no Smith
Levantamento terra
Cadeira extensora
Mesa flexora
Remada sentada
Supino inclinado
Abs crunch com pernas elevadas
Abs crunch na polia

Observação: realizar dois dias seguidos dos mesmos grupos musculares pode ser uma estratégia para conseguir um maior estímulo desses músculos, desde que não ocorram dores demasiadas e que, depois, haja um intervalo grande, como é o caso de 72 h (Verkhoshansky e Siff, 2016).

*****

Com essas oito sessões, é possível começar a identificar os exercícios e seus rendimentos, melhores combinações de grupamentos musculares, sequência dos grupos, respostas à intensidade e ao volume de treino, além de estruturar o planejamento dentro da individualidade biológica da mulher.

Treino de adaptação HIIE para intermediários

FIGURA 3.9 – HIIE: exercícios de calistenia.
Fonte: Cecilie_Arcurs (iStockphoto).

Como já foi mencionado, os exercícios do HIIE utilizam o peso do próprio corpo e são uma das principais tendências mundiais do *fitness* (Thompson, 2017). Sua principal vantagem é que dispensam investimentos imediatos, além de poderem ser realizados em qualquer lugar. Podem ser feitos pelo tempo de execução ou pelo número de repetições. Nessa fase, devem ser incluídos exercícios com maior nível de dificuldade.

Exemplo de primeira sessão de treino

3 séries de 8 repetições (ou de 20 s), com 40 s de intervalo entre as séries e os exercícios (24 h de intervalo entre uma sessão e outra).

Jumping jack
Jump 360°
Decline push-up
Squat
Elevated dip
Abs crunch
Lateral leap

Exemplo de segunda sessão de treino

3 séries de repetições (ou de 20 s), com 40 s de intervalo entre as séries e os exercícios (48 h de intervalo entre uma sessão e outra).

Tuck jump
Supine incline straight leg and hip raise
Lunges kick
Uneven push-up
Jump star
V-ups

Exemplo de terceira sessão de treino

3 séries de 8 repetições (ou de 20 s), com 40 s de intervalo entre as séries e os exercícios (24 h de intervalo entre uma sessão e outra).

Skier jumping jack
V-ups side
Burpee push-up
Decline single leg push-up
Lateral step leap-up
Suspended row
Mountain climber

Exemplo de quarta sessão de treino

3 séries de 8 repetições (ou de 20 s), com 40 s de intervalo entre as séries e os exercícios (72 h de intervalo entre uma sessão e outra).

Wide push-up
Squat jump
Abs crunch with leg and hip raise
Tuck jump
Jump star
Swing forward
SA burpee
Supine incline straight leg and hip raise

Exemplo de quinta sessão de treino

3 séries de 8 repetições (ou de 20 s), com 30 s de intervalo entre as séries e os exercícios (24 h de intervalo entre uma sessão e outra).

Abdominais oblíquos
Burpee push-up to tuck jump
Single leg dip
Lateral step leap-up
Alternating lunge jump
Plyometric push-up
Abs crunch

Exemplo de sexta sessão de treino

3 séries de 8 repetições (ou de 20 s), com 30 s de intervalo entre as séries e os exercícios (48 h de intervalo entre uma sessão e outra).

Burpee push-up
Russian twist
Squat jump
Suspended inverted row
Jump 360°

Uneven push-up
Lunge walking
Inverted row
Hope training

Exemplo de sétima sessão de treino

4 séries de 8 repetições (ou de 20 s), com 30 s de intervalo entre as séries e os exercícios (24 h de intervalo entre uma sessão e outra).

Butt kicks
Squat jump
Abs crunch
Jump 360°
Plyometric push-up
Tuck jump
Bent knee dip
Concentration curl
Decline push-up
Alternate mountain climber

Exemplo de oitava sessão de treino

3 séries de 8 repetições (ou de 20 s), com 30 s de intervalo entre as séries e os exercícios (72 h de intervalo entre uma sessão e outra).

Jumping jack
Incline push-up
Lateral leap
Knee-ins
Lunge kick
Lateral leg swing
Burpee push-up to tuck jump
Lateral raise
Incline crunch
Lateral step leap-up

Exemplo de nona sessão de treino

3 séries de 8 repetições (ou de 20 s), com 30 s de intervalo entre as séries e os exercícios (24 h de intervalo entre uma sessão e outra).

SA burpee
Supine incline straight leg and hip raise
Star jump
Inverted row
Push-up
Chin-up
Bench dip
Squat
Wide push-up
Abdominais oblíquos

Exemplo de décima sessão de treino

3 séries de 8 repetições (ou de 20 s), com 30 s de intervalo entre as séries e os exercícios (48 h de intervalo entre uma sessão e outra).

Tuck jump
Uneven push-up
Mountain climber
Russian twist
Lunge jump
Supine hip raise to leg extension
Burpee
Plyometric push-up
Open chin-up

Depois de 10 sessões, nota-se que a duração do treino começa a ficar muito longa e que há uma redução da qualidade (intensidade) do treino, tornando necessário o parcelamento dos treinos, e, às vezes, o aumento de treinos semanais.

Após treinamentos mais intensos, é preciso levar em conta aspectos fisiológicos, sendo necessário realizar algumas avaliações para o levantamento de parâmetros de intensidade e de rendimento físico, como avaliações de frequência cardíaca preditiva (FCpreditiva), de FCmáx, de frequência cardíaca de reserva (FCreserva), de VO_2máx, de limiar anaeróbio, de velocidade de limiar anaeróbio, de testes de carga máxima e submáxima, entre outras.

Inicia-se pela FC, que é bastante discutível:

FCpreditiva: 220 – idade ou 208 – (0,7 × idade)

A equação "220 – idade" superestimou a FCmáx medida e não se mostrou válida para essa população. A equação "208 – (0,7 × idade)" mostrou-se interessante (Machado e Denadai, 2011). Segundo outro estudo (Camarda et al., 2008), as equações de predição da FCmáx propostas por Karvonen (220 – idade) e Tanaka [208 – (0,7 × idade)] são semelhantes para predição da FCmáx de indivíduos dos sexos masculino e feminino, com faixa etária entre 12 e 69 anos, demonstrando boa correlação (r = 0,72) com a FCmáx medida (Tanaka, Monahan e Seals, 2001).

A fórmula "220 – idade" foi elaborada com base em alguns estudos com portadores de cardiopatia que faziam uso de medicamentos. Concluiu-se que pacientes com mais de 20 anos de idade submetidos a esforço físico máximo tinham redução média de 1 batimento por minuto (bpm) por ano (Fox III, Naughton e Haskell, 1971). Já a fórmula FCmáx = 208 – (0,7 × idade) é contestada em alguns estudos, principalmente por aqueles que trabalham com idosos (Barbosa et al., 2004). O uso da FCmáx é mais prevalente na indústria do *fitness*.

Os profissionais precisam ser mais bem instruídos sobre as estatísticas, para que possam reconhecer e compreender o conceito de erro de previsão, e saber das consequências práticas de depender de uma equação com um grande desvio-padrão de estimativa. Livros de fisiologia do exercício e prescrição de exercício devem oferecer um conteúdo mais crítico acerca do levantamento do FCmáx pela fórmula "220 – idade" ou fórmulas semelhantes. Os autores precisam enfatizar o modo de especificidade da FCmáx e fornecer análises alternativas (Robergs e Landwehr, 2002). Uma medida tão simples como a FC não consegue informar sobre todos os aspectos de bem-estar, de fadiga e de desempenho (Buchheit, 2014; Stanley, Peake e Buchheit, 2013).

Porém, por meio da FCmáx obtêm-se indicadores da intensidade do trabalho muscular, chamada FCreserva, que é a diferença entre a FCmáx e a frequência cardíaca de repouso (FCrepouso). Calcula-se assim:

$$FCreserva = FCmáx - FCrepouso$$
$$FCreserva = 201 - 68$$
$$FCreserva = 133$$

Intensidade do treino = 85%

Intensidade do treino = FCreserva × Intensidade de treino + FCrepouso
$$(133 \times 0{,}85) + 68 =$$
$$\sim 113 + 68 =$$
$$181 \text{ bpm}$$

O mais importante é que se tenha a FCmáx, para achar a FCreserva em cada exercício. Desse modo, utiliza-se a especificidade de cada exercício (Robergs e Landwehr, 2002).

No SIT, deve-se avaliar a FC na esteira elétrica ou mecânica, no cicloergômetro, na pista, no elíptico, na natação, entre outros. No HIIE, deve ser medida em cada exercício, por exemplo, *burpee*, *mountain climber*, *squat jumping jack* etc. No HIRT, a FC também deve ser observada ao longo dos exercícios, contudo, é mais interessante avaliar a intensidade em relação à carga usada.

Outro aspecto a ser avaliado é a intensidade, que está relacionada à qualidade do treino e é o principal fator do treinamento. No caso do HIIT, a intensidade está diretamente relacionada ao estímulo e ao recrutamento de unidades motoras (Bossi, 2016).

Por último, é necessário, também, verificar a densidade. Esse aspecto não é unanimidade entre os metodólogos, mas está relacionado ao intervalo de tempo. Um dos principais erros nesse aspecto é a perda da qualidade.

4
EMAGRECIMENTO

O HIIT herdou uma fama de ser o grande emagrecedor do *fitness*, o que não é bem verdade. Existem outras práticas com gasto calórico maior do que o do HIIT. O segredo dele está no recrutamento de receptores beta-adrenérgicos, além de uma desadaptação de ações rotineiras do nosso corpo.

O corpo humano tem dois tipos de células de gordura: *alfa* e *beta*. As células alfa reduzem o processo de oxidação de gordura por meio da redução do fluxo sanguíneo das células adiposas. As células beta exercem a função oposta, aumentando o fluxo sanguíneo por essas células, acelerando o processo de oxidação de gordura. É possível usar facilmente os receptores alfa e beta para ajudar na perda de peso seguindo apenas algumas etapas.

Para que os lipídios sejam utilizados para a produção energia, eles devem sofrer lipólise, ou seja, converter o ácido graxo em colesterol acil-transferase (acil-CoA) graxo. A enzima glicerol quinase, que é encontrada no fígado, promove a quebra para gerar energia ou para ser convertido em glicose (Nelson e Cox, 2002). Para gerar energia (produzir adenosina trifosfato – ATP), tanto os ácidos graxos como o glicerol necessitam atravessar a membrana mitocondrial e atingir a matriz da mitocôndria por meio da enzima carnitina-acil-transferase I (CAT-I) para serem oxidados. Sofrendo uma série de reações de betaoxidação, cada ácido graxo é degradado em moléculas de acetilcoenzima A (acetil-CoA), que podem ser oxidadas no ciclo de Krebs para gerar energia ou ser convertidas em corpos cetônicos (Devlin, Yanovksi e Wilson, 2000). A degradação dos carboidratos que normalmente antecede a utilização de lipídios gera acetil-CoA, formando a malonil-CoA, cuja ação é inibir a entrada de ácidos graxos para a matriz mitocondrial e a consequente oxidação. A degradação de carboidratos e uma ingestão excessiva de nutrientes inibe e aumenta os depósitos de triglicerídeos (Maughan, Gleeson e Greenhaff, 2000).

Nossos corpos criam adaptação metabólica à atividade física por meio de sinais enviados pelo sistema nervoso até os músculos do movimento. As quebras de ATP só são produzidas da degradação de carboidratos, de lipídios e de proteínas (Guyton e Hall, 2001). Isso é intensificado por alguns hormônios, como as catecolaminas (adrenalina e noradrenalina), que se ligam a receptores beta-adrenérgicos, os quais promovem a ativação da enzima lipase hormônio-sensível, e esta promove a lipólise no tecido adiposo (Nelson e Cox, 2002). Os receptores alfa têm ação antagônica, e como tanto os receptores alfa quanto os beta são ativados pelas catecolaminas, se uma quantidade maior de receptores α2 for encontrada, os efeitos dos receptores beta serão superados, e nenhuma oxidação de gordura ocorrerá nesses receptores.

Os receptores adrenérgicos β3 foram descritos, primeiramente, em adipócitos. Nessas células, demonstra-se que os receptores β3 atuam com a leptina (Silva e Zanesco, 2010). As catecolaminas apresentam ação que estimularia a via beta (adrenérgicos β1, β2 e β3), e os receptores β3 são os mais importantes para o processo de lipólise (Duncan et al., 2007; Jaworski et al., 2007).

O balanço entre lipogênese e lipólise está associado à estimulação de receptores adrenérgicos α e β. Whyte, Gill e Cathcart (2010) realizaram um estudo de duas semanas de treinamento intenso intervalado e perceberam aumento de receptores adrenérgicos beta encontrados no abdome em relação à gordura subcutânea. Rebuffé-Scrive et al. (1989) demonstram que o HIIT tem potencial para reduzir a gordura abdominal. Em seu estudo, os pesquisadores demonstraram, ainda, uma inibição dos receptores beta-adrenérgicos no tecido adiposo intra-abdominal com o treinamento de resistência aeróbia.

Diversos estudos demonstram ações positivas do treinamento HIIT na redução de massa gorda. Alguns deles foram realizados com populações bem sistemáticas, como é o caso estudo Maillard et al. (2016), que implementaram o protocolo de 8 s de exercício por 12 s de recuperação, durante 20 min, sem restrições alimentares, realizado duas vezes por semana, durante 16 semanas, e obtiveram resultados positivos na redução da gordura abdominal e visceral total em mulheres na pós-menopausa com diabetes melito do tipo 2.

Barry et al. (2017) fizeram seu estudo com 37 adultos obesos inativos, que treinaram HIIT ou treinamento contínuo durante duas semanas (10 sessões). Os pesquisadores identificaram que o treinamento contínuo pode reduzir o potencial de migração de monócitos por meio da regulação negativa de CCR2 (*chemokine receptor type 2*) e CXCR2 (*CXC chemokine receptor type 2*), ao passo que o HIIT pode aumentar o potencial para a infiltração de monócitos, de neutrófilos e de células T mediada por CCR5 (*chemokine receptor type 5*).

Em um estudo agudo, Falcone et al. (2015) realizaram a comparação entre treinamentos aeróbios, HIIT e musculação. O treinamento em esteira e em cicloergômetro foram realizados durante 30 min, a 70% da FCmáx. Um treino HIIT com 8 exercícios (aparelhos hidráulicos em 4 séries cada exercício) foi realizado por 20 s, com 40 s de intervalo, por 32 min. O treinamento de resistência consistiu em 6 exercícios (3 séries de 10 repetições cada, a 75% de 1 RM). Os resultados obtidos demonstram que, se o objetivo for a oxidação de gordura, correr na esteira parece ser uma opção melhor do que pedalar no cicloergômetro com a mesma intensidade, ou fazer exercícios resistidos ou realizar treinamento de HIIT com base hidráulica. Se o objetivo do treino for a manutenção da massa muscular e a oxidação da gordura, o HIIT pode ser utilizado, em vez de 30 min de exercícios aeróbios. O treinamento resistido poderia substituir o aeróbio, mas tem resultados inferiores aos do HIIT nos dois objetivos.

Wood et al. (2016) demonstraram, também em um estudo agudo, a diferença entre o SIT submáximo e o supramáximo. O treinamento SIT submáximo consistiu em 8 tiros de 1 min a 85% da carga máxima (Wmáx), com intervalo de 1 min de recuperação a 25% da Wmáx. O treinamento

SIT supramáximo consistiu em 8 tiros de 30 s a 130% da Wmáx, intercalados com 90 s de recuperação ativa a 25% da Wmáx. Um total de 24 min de treino, acrescentando aquecimento e volta à calma, ambos realizados no cicloergômetro. Os resultados revelaram que realizar o SIT supramáximo em 30 s resulta em menor VO$_2$ e em gasto de energia também menor (submáximo 209,3 ± 40,3 kcal *versus* supramáximo 193,5 ± 39,6 kcal), em comparação ao submáximo de 60 s em intensidades submáximas, em 3 sessões por semana.

Blüher et al. (2017) realizaram um estudo de 6 meses analisando o treino HIIT e os marcadores de risco cardiometabólico, proteína de ligação a ácidos graxos adipócitos em adolescentes obesos. Os treinos eram realizados 2 vezes por semana, com um aquecimento de 10 min em 50%-60% da FCmáx, seguido de tiros entre 80% e 95% da FCmáx, com intervalos em 50%-60% da FCmáx. O estudo demonstra que proteínas de ligação a ácidos graxos adipócitos nos marcadores de risco metabólico em adolescentes com sobrepeso e que o HIIT pode ser utilizado, de maneira promissora, para o tratamento.

Em uma revisão de 65 estudos, realizada por Batacan Jr. et al. (2017), mostra-se que o HIIT pode constituir um protocolo de treinamento eficaz para melhorar o VO$_2$máx e vários fatores de risco cardiometabólicos, como porcentagem de gordura corporal, FC, pressão arterial sistólica (PAS), pressão arterial diastólica (PAD) e glicemia de jejum em populações com sobrepeso/ obesidade. Realizar HIIT pelo menos 3 vezes por semana em 12 semanas, como parte de seu programa de exercícios, melhora a qualidade de vida e reduz a gordura corporal em populações com excesso de peso ou obesas.

Pesquisa (Zhang et al., 2017) realizada com mulheres jovens obesas comparando o treinamento contínuo (60% do consumo de oxigênio – VO$_2$, até atingir 300 kJ) e o HIIT (4 min a 90% do VO$_2$máx, com 3 min de intervalo até atingir 300 kJ). Foi observado que não ocorreu vantagem quantitativa na redução da gordura visceral abdominal, na comparação entre treino contínuo e HIIT. O HIIT parece ser a estratégia predominante para controlar a obesidade, em razão de sua eficiência no tempo.

O trabalho de Danzer (2016) analisou o gasto energético do exercício contínuo e o do HIIT. O estudo foi realizado em esteira, a 50% da FCmáx, durante 20 min, ou a 90% da FCmáx, durante 1 min, alternado por 1 min de caminhada de recuperação, que foi repetida 10 vezes para o total de 20 min de exercício. A avaliação foi mantida durante um período de recuperação de 30 min de exercício moderado, e foi oxidada uma média de 139 ± 40 calorias durante o exercício e de 64 ± 15 calorias durante a recuperação. O HIIT oxidou uma média de 204 ± 40 calorias durante o exercício e 117 ± 47 calorias durante a recuperação. O estudo demonstrou que o HIIT é mais eficaz na oxidação de calorias durante o exercício, e, também, 30 min pós-exercício.

O emagrecimento no HIIT vem sendo utilizado em várias outras atividades físicas. Williams e Kraemer (2015) testaram o HIIT com *kettlebell* (KB) e compararam com o SIT. No HIIT com KB, foi feito o protocolo de 20 s de exercícios por 10 s de intervalo, no circuito de 4 exercícios (agachamento, *swing*, *clean* e levantamento terra sumô), com o total de 3 passagens (12 min), e, no SIT, foram realizados 4 tiros de 30 s *all-out*, com 4 min de recuperação nos dois primeiros tiros e 2min30s nos dois tiros finais. Várias análises foram feitas, entre elas, de VO_2, de relação de troca respiratória, de volume corrente, de frequência respiratória, de ventilação por minuto, de taxa de calorias, de FC e de gasto calórico total (KB-HIIT = 144,87 ± 6,56 kcal; SIT = 122 ± 7,34 kcal). Os resultados desse estudo sugerem que o KB-HIIT pode ser mais aproveitável do que o SIT, podendo ser eficaz no gasto calórico.

Outro trabalho utilizando KB é o de Fortner et al. (2014), que realizaram, no grupo 1, o mesmo protocolo utilizado por Williams e Kraemer (2015), com 8 séries de 20 s, com 10 s de intervalo (4 min). Foi analisado o volume total de repetições para cada indivíduo e, com base nessa análise, foi montado o grupo 2, com 4 séries, 90 s de intervalo e repetições personalizadas. A carga utilizada foi de 8 kg para homens e de 4,5 kg para mulheres. Percebeu-se que a resposta metabólica do grupo 1 foi maior do que a do grupo 2.

Essas pesquisas demonstram a grande eficácia do HIIT no emagrecimento e em gastos calóricos. Somadas ao conteúdo do livro *HIIT: fitness & wellness* (Bossi, 2016), que traz outros estudos na área, percebe-se o quão forte é o treino HIIT no processo de emagrecimento.

5
GRUPOS ESPECIAIS

Infelizmente, ainda existe um preconceito com relação à prática do HIIT por pessoas de grupos especiais, sobretudo pela visão comercial de que o treinamento seria muito intenso para pessoas que sofrem, direta ou indiretamente, prejuízos em um quadro clínico.

Por esse motivo, muitos ignoram os benefícios que o HIIT pode trazer a esses grupos. Na parte de reabilitação cardíaca, muitos benefícios derivam-se do treinamento do físico: aumento da capacidade de resistência; melhora da função endotelial, da função do miocárdica e do fluxo de reserva; redução do tabagismo, do peso corporal, dos lipídios no sangue e da pressão arterial; progressão da aterosclerose em pacientes com doenças arterial coronariana conhecida; redução da ansiedade e da depressão. Em pacientes cardíacos, a depressão está associada a uma maior mortalidade.

O HIIT é considerado um tratamento valioso para pacientes com doença cardíaca e em reabilitação cardíaca. As orientações atuais apoiam a sua utilização em doentes após síndrome coronária aguda, revascularização miocárdica, colocação de *stent* coronário, cirurgia valvar e insuficiência cardíaca sistólica crônica estável. Apesar de evidências científicas demonstrarem tais benefícios, o encaminhamento e a assistência de reabilitação cardíaca por meio do HIIT permanecem baixos (McMahon, Ades e Thompson, 2017). Diversas pesquisas comparam o HIIT com o treinamento contínuo, por exemplo, a de Rognmo et al. (2004), que pesquisaram esses treinamentos por 10 semanas, realizados 3 vezes por semana: o HIIT, durante 4 min, a 80%-90% do VO_2pico, por 3 min de intervalo a 50%-60% do VO_2pico (total de 25 min de exercícios); e o treinamento contínuo, durante 41 min, a 50%-60% do VO_2pico. Registrou-se uma melhora no VO_2pico de 19% no caso do HIIT e de 8% no caso do treinamento contínuo, sem alteração na pressão arterial (PA).

Outro trabalho que compara os dois treinos é o de Warburton et al. (2005), que, no HIIT, utilizaram tiros de 2 min a 85%-95% do VO_2máx e intervalos a 35%-45% do VO_2máx, com total de 30 min; e o treinamento contínuo foi a 65% do VO_2máx, num total de 30 min. Notou-se, respectivamente para o HIIT e para o treinamento contínuo, uma melhora de 15% e de 13% no VO_2máx, e de 32% e de 10% no limiar anaeróbio.

Currie et al. (2013) também compararam os dois tipos de treinos, realizados 2 vezes por semana, durante 12 semanas. Utilizaram, no HIIT, tiros entre 80% e 99% do pico de potência (PPO – *peak power output*), com recuperação a 10% do PPO, totalizando 20 min. O treinamento contínuo foi de 55%-65% da PPO, com duração de 30 a 50 min. Notou-se melhora no limiar anaeróbio de 22% e 23%, respectivamente para o HIIT e para o treinamento contínuo. Já Cardozo, Oliveira e Farinatti (2015) compararam os treinos utilizando a FCmáx. O treino HIIT foi de 2 min a 90% do pico de frequência cardíaca (FCpico), com recuperação de 2 min a 60% do FCpico por 30 min; já o treinamento contínuo foi realizado a 70%-75% do FCpico, por 30 min. Ambos foram realizados 3 vezes por semana, durante 16 semanas. Os resultados obtidos foram de 18% de aumento do VO_2máx para o HIIT e de 0,5% para o treinamento contínuo, e de uma redução de 12% no limiar anaeróbio para o HIIT contra uma redução de 3% para o treinamento contínuo.

Analisando os pontos de segurança do HIIT, Guiraud et al. (2013) demonstra que 15 s de exercício a 100% do PPO, com 15 s de intervalo, são seguros e não induzem efeitos deletérios sobre a parede vascular, e nem a ocorrência de arritmias. Em pacientes que utilizam *stent*, o HIIT regular foi associado a uma redução significativa na perda luminal tardia no segmento coronariano com *stent* (Guiraud et al., 2011) e, ainda, melhora da função do endotélio associado ao aumento da capacidade aeróbia (Munk et al., 2009).

O estudo de Wisløff et al. (2007) também demonstram melhorias que o HIIT traz em relação ao VO$_2$máx (4 min a 90%-95% da FCpico, com recuperação de 3 min a 50%-70% da FCpico) até mesmo em pacientes idosos com insuficiência cardíaca crônica e gravemente prejudicada na função cardiovascular. O HIIT tem um fator importante para reversão da remodelação do ventrículo esquerdo (VE), melhorando a capacidade aeróbia e a qualidade de vida de pacientes com coração pós-infarto. Meyer (2012) também compararam os tempos de execução na bicicleta ergométrica com ações e intervalos passivos e ativos, de 30 e 90 s cada, e perceberam que todos são seguros, mas os melhores resultados obtidos ocorreram com intervalos passivos para pacientes com insuficiência cardíaca crônica.

As adaptações vasculares e metabólicas do ventrículo esquerdo ao HIIT foram analisadas em um estudo com homens saudáveis de meia--idade. As adaptações cardíacas ao exercício físico são conduzidas por rápidas mudanças nos volumes de glicose. Entretanto, o HIIT causou diminuição significativa na perfusão miocárdica hiperêmica, por isso, alguns cuidados devem ser observados ao recomendar treinamento de intensidade muito alta para sedentários não treinados, em especial, àqueles com possível doença cardíaca oculta. O protocolo de HIIT usado por Eskelinen et al. (2016) foi de 4 a 6 tiros de 30 s *all-out* de ciclismo, com recuperação de 4 min. Depois, as séries foram aumentadas de 4 para 5, e, então, para 6, após cada sessão. A duração do estudo foi de 2 semanas.

Em San Diego, Califórnia, um estudo muito interessante realizado em pessoas com lesão medular demonstrou um maior prazer em realizar dois tipos de treinamentos HIIT, em comparação aos exercícios contínuos realizados no cicloergômetro de braços. O exercício contínuo consistiu em 25 min a 45% do pico de carga (Wpico); um dos treinamentos de HIIT foi composto de 8 tiros de 60 s a 70% do Wpico, com 90 s de recuperação ativa em 10% do Wpico, ao passo que o outro HIIT foi realizado de maneira mais intensa, composto de 8 esforços *all-out* de 30 s, com 105% do Wpico, separados por 120 s de recuperação ativa a 10% do Wpico, o que demonstra que sessões agudas de HIIT de baixo volume são mais agradáveis do que o exercício contínuo, mesmo apresentando um estresse cardiorrespiratório e metabólico por meio de uma maior absorção de oxigênio, de FC e de concentração de lactato. Isso determina a preferência dos avaliados: 55% dos participantes preferiram o HIIT menos intenso e 45% preferiram o mais intenso; nenhum deles identificou o exercício contínuo como seu exercício preferido (Astorino e Thum, 2018b).

Astorino e Thum (2018a) demonstraram, em outro estudo, que a lesão da medula espinal reduz a locomoção, o que prejudica a atividade física voluntária, trazendo uma redução no VO_2máx e um maior risco de doença crônica. Eles compararam os treinamentos contínuos com os de HIIT. O treinamento contínuo consistiu em 25 min a 45% do Wpico; um dos treinamentos de HIIT foi composto de 8 tiros de 60 s a 70% Wpico, com 90 s de recuperação ativa a 10% do Wpico; o outro treinamento de HIIT foi estruturado por 8 tiros *all-out* de 30 s, com 105% do Wpico, separados por 120 s de recuperação ativa a 10% do Wpico. A pesquisa demonstra que as adaptações induzidas pelo treinamento em VO_2pico parecem depender da intensidade, daí a necessidade do HIIT.

Ainda na linha de comparações entre o treinamento contínuo e o HIIT, a pesquisa de Roxburgh et al. (2014) compararam o exercício contínuo com o exercício contínuo acompanhado de HIIT, em 5 sessões semanais, durante 12 semanas. O grupo que realizou o exercício contínuo caminhou em uma esteira por 15 min e, depois, fez cicloergômetro por 15 min, a 45%-60% da FCreserva. O grupo que fez contínuo + HIIT também realizou sessões iguais às do outro grupo de exercício contínuo, por semanas intercaladas com o treinamento HIIT de 8-12 tiros de 60 s a 100% do VO_2máx, por 150 s de recuperação ativa. Não se percebeu interferência consideráveis entre os treinos, o que demonstra que a combinação entre os treinos contínuo e intensos reduz as ações benéficas. Em relação a ações mitocondriais, Little et al. (2011) demonstraram que o HIIT é um potente estímulo para aumentar a capacidade mitocondrial do músculo esquelético e do desempenho do exercício por meio da sirtuína 1 (SIRT1). O coativador alfa do receptor ativado por proliferador de peroxissoma 1-alfa (PPARGC-1α ou PGC-1α) nuclear e o fator de transcrição mitocondrial A (TFAM) podem estar envolvidos na coordenação de adaptações mitocondriais em resposta ao HIIT no músculo esquelético em humanos. Essa capacidade oxidativa do músculo é demonstrada também pela proteína da citrato sintase e da enzima citocromo c oxidase, subunidade IV, que aumentou cerca de 35% após o treino (Hood et al., 2011).

Com idosos sedentários, Sculthorpe, Herbert e Grace (2017) realizaram uma pesquisa em que dois grupos de treino utilizaram três medidas distintas: fases A, B e C.

- *Exercício de condicionamento (bloco de treinamento 1)*: 6 semanas de exercícios de pré-condicionamento, consistindo em ≥ 150 min por semana (≥ 30 min/dia em ≥ 5 dias por semana). Média semanal da FCreserva:

  - *fase A*: semanas 1 e 2, a 55% da FCreserva;
  - *fase B*: semanas 3 e 4, a 60% da FCreserva;
  - *fase C*: semanas 5 e 6, a 65% da FCreserva.

- *Intervenção de HIIT de baixa frequência (bloco de treinamento 2)*: sessão realizada uma vez a cada 5 dias, durante 6 semanas (9 sessões). Essas sessões consistiram em 5 min de aquecimento, seguidos de 6 *sprints* de 30 s, a um PPO de 50% num cicloergômetro, com intervalos de 3 min de recuperação ativa.

O estudo demonstrou um aumento da força muscular dos membros inferiores em homens idosos sedentários. No entanto, quando realizado com ergometria de ciclo estacionário, não melhora o equilíbrio em um indivíduo sedentário saudável. Todos os participantes praticaram HIIT por 60 min, 2 vezes por semana.

6
PROTOCOLOS E MÉTODOS

Os protocolos e métodos são as estruturas que determinam, direcionam e organizam a periodização. A escolha deles é de fundamental importância para a evolução do treinamento. Uma estrutura metodológica com aumentos gradativos da intensidade leva o cliente a uma evolução e a uma adaptação. Ao mesmo tempo, alterações na estrutura também podem evitar platôs de rendimento. Em geral, a sequência deve seguir a redução gradativa dos intervalos e/ou um aumento do tempo de execução. Tudo isso dependerá diretamente do objetivo do cliente.

A seguir, descrevem-se vários protocolos e métodos que podem ser utilizados para estruturar o treinamento desde a parte metodológica até a motivacional. Eles foram citados de maneira aleatória, para que não ocorra um comodismo por parte dos profissionais.

20 × 50, com macropausa

HIIT de 20 s de um exercício, com intervalo de 50 s, repetido 6 vezes. Depois da terceira série, é feita uma macropausa de 60 s, e, então, retorna-se para mais 3 tiros de 20 s por 50 s de intervalo. Tempo total de 8 min (iniciante).

20 × 40, com macropausa

HIIT de 20 s de um exercício, com intervalo de 40 s, repetido 6 vezes. Depois da terceira série, é feita uma macropausa de 60 s, e, então, retorna-se para mais 3 tiros de 20 s por 40 s de intervalo. Tempo total de 7 min (iniciante).

20 × 30, com macropausa

HIIT de 20 s de um exercício, com intervalo de 30 s, repetido 6 vezes. Depois da terceira série, é feita uma macropausa de 60 s, e, então, retorna-se para mais 3 tiros de 20 s por 30 s de intervalo. Tempo total de 5 min (iniciante e intermediário).

20 × 40

HIIT de 20 s de um exercício, com intervalo de 40 s, repetido 5 vezes. Os 20 s iniciais são para preparação. Tempo total de 5 min (iniciante, intermediário).

20 × 30

HIIT de 20 s de um exercício, com intervalo 30 s, repetido 5 vezes. Tempo total de 3min50s cada (intermediário).

20 × 20

HIIT de 20 s de um exercício, com intervalo de 20 s, repetido 6 vezes. Tempo total de 4min20s cada (intermediário).

30 × 30

HIIT de 30 s de um exercício, com intervalo 30 s, repetido 4 vezes. Tempo total de 4 min cada (intermediário).

Treino 30 × 20 × 10

HIIT em que a primeira fase se dá por 30 s de exercício, seguida de 10 s de intervalo. Na segunda fase, faz-se mais 20 s do mesmo exercício, mais 10 s de intervalo. Então, na terceira fase, realiza-se o exercício por mais 10 s, e, depois, são feitos 20 s de intervalo. Repete-se isso 3 vezes. Tempo total de 4min40s (intermediário e avançado).

Circuito

HIIT em circuito de 20 s de um exercício, com intervalo de 20 s, repetido 8 vezes, uma para cada base de exercício. Tempo total de 5 min cada (intermediário).

GVT (German Volume Training)

HIIT de 20 s de um exercício, com intervalo de 20 s, até o retorno ao exercício, que deve se repetido 10 vezes. Tempo total de 7 min (avançado).

GVT duplo

HIIT de 20 s de um exercício, com intervalo de 10 s, e, depois, mais 20 s de outro exercício, com 10 s de intervalo. Retorno ao primeiro exercício. Isso deve ser repetido 10 vezes. Tempo total de 10 min (avançado).

Helgerud

HIIT de 15 s de um exercício, com intervalo de 15 s, repetido 8 vezes. Tempo total de 4 min (ou seja, 240 s) (iniciante, intermediário).

Insanity

HIIT de circuito de 6 exercícios de 30 s cada (3 min), e, depois, 30 s de intervalo. Repete-se 3 vezes e retorna-se para mais 6 tiros (intermediário, avançado).

RRA

Trata-se de um HIIT regressivo reduzido alternado (RRA). Nele, realiza-se um exercício unilateral por 20 s, do lado direito, então, inverte-se o lado e realiza-se 20 s do lado oposto; retorna-se para o lado direito, realiza-se 18 s, inverte-se o lado e realiza-se 18 s do lado oposto. Deve-se diminuir 2 s do exercício a cada vez que se inverte o lado, ou seja, realizá-lo por 20 s, 18 s, 16 s, 14 s, 12 s, 10 s, 8 s, até que ele seja realizado por 6 s de cada lado (avançado).

Superset Tabata

Trata-se de um HIIT que consiste em realizar um exercício por 20 s; logo após, outro exercício por 20 s; depois, um intervalo de 10 s. Total de 5 séries, por 4min30s (avançado).

Superset

Trata-se de um HIIT que consiste em realizar um exercício por 20 s; logo após, outro exercício por 20 s; sem intervalos. Total de 6 s, por 4min20s (avançado).

Tabata

HIIT que consiste em realizar 8 séries por 20 s, com intervalo de 10 s entre elas. Essas séries podem ser realizadas de diversas maneiras, como por meio de calistenia, com exercícios variados ou com um mesmo exercício, como bicicleta, esteira, natação etc. Total de 4 min (avançado).

Drop set

Trata-se de HIIT de 20 s de um exercício, 10 s de intervalo para redução de peso, 10 s de intervalo para uma nova redução de carga e mais 10 s do mesmo exercício, com 20 s de intervalo. Repete-se por 3 vezes. Tempo total de 3min30s (avançado).

Isométrico

HIIT de 20 s de um exercício; depois, 10 s em isometria, no ângulo menos favorável. Descansa-se por 20 s e repete-se por 5 vezes. Tempo total de 4 min (intermediário, avançado).

Parcial

Trata-se de um HIIT cuja primeira fase consiste na realização de um exercício por 20 s, da parte inicial até metade do movimento; depois, mais 20 s do mesmo exercício, da metade do movimento até sua parte final. Em seguida, 20 s do exercício completo. Após isso, 20 s de intervalo. Repete-se 3 vezes. Tempo total de 4 min (avançado).

Treino total, parcial e isométrico

HIIT de 20 s de um exercício; depois, faz-se 10 s de execução parcial do mesmo exercício, em um ângulo de maior dificuldade. Em seguida, realiza-se mais 10 s, em isometria, no ângulo menos favorável. Faz-se 20 de intervalo. Repete-se 4 vezes. Tempo total de 4 min (avançado).

Trapp

Trata-se de um HIIT que deve ser realizado em cicloergômetro, esteira, pista e exercícios pliométricos. Consiste em 30 ou 60 tiros de 8 s, com 12 s de intervalo, totalizando 10 a 20 min (intermediário, avançado).

Tri-set

HIIT que consiste em realizar 3 exercícios, sem intervalos: um exercício por 20 s, seguido por outro por 20 s e, logo após, mais um, também por 20 s. Total de 4 séries, por 4min20s (avançado).

Rest pause

Consiste em um treino de HIIT de 20 s de um exercício, 5 s de intervalo, 10 s do mesmo exercício, 5 s de intervalo, 10 s do mesmo exercício e uma macropausa de 20 s de intervalo. Repete-se 3 vezes. Tempo total de 3min50s (avançado).

Tri-set Tabata

HIIT que consiste em realizar um exercício por 20 s, logo depois, outro por 20 s e, em seguida, mais um exercício por 20 s. Após isso, faz-se um intervalo de 10 s. Total de 4 séries, por 5 min (avançado).

Uni-bilateral

HIIT que consiste em realizar um exercício unilateral por 20 s. Logo após, fazê-lo com o outro membro, por 20 s e, em seguida, realizar o mesmo exercício, mas de maneira bilateral, por 20 s, sem intervalos. Total de 4 séries, por 4min20s (avançado).

7
PERIODIZAÇÃO

Para estruturar o treinamento HIIT, é preciso entender a *periodização*, que é o planejamento geral e detalhado do tempo disponível para a obtenção de resultados desejados e estimados, de acordo com os objetivos intermediários perfeitamente estabelecidos, respeitando-se os princípios científicos da Fisiologia do Exercício, utilizando os ciclos de supercompensação e as adaptações morfofuncionais (Dantas, 1998).

Stoppani (2008) coloca a periodização como a manipulação sistemática das variáveis agudas do treinamento em um período de dias, meses e anos, buscando um pico de *performance* em determinado período, tendo como base a adaptação geral.

A origem da periodização remonta aos anos 1950, com o início da sistematização do treinamento. Dos anos 1950 aos anos 1970, os questionamentos quanto ao modelo clássico aumentaram, e surgiram novas propostas. Dos anos 1970 até hoje, houve grande evolução nos estudos realizados (Gomes, 2002).

Existem vários estudiosos que pesquisaram – e pesquisam – estruturas de periodização como: Matveev, Verkhoshansky, Fleck e Kraemer, Rhea, Forteza de la Rosa, entre outros.

Outra definição mais direcionada ao HIIT seria o planejamento do treinamento e de suas variáveis, como ordem e escolha dos exercícios; número de séries e de repetições; intervalo entre as séries; tempo de execução; e intensidade e volume do treino, com o objetivo de levar a contínuos e melhores ganhos de condicionamento, otimizando e adaptando os trienos, além de evitar platôs no treinamento (de la Rosa, 2000).

A periodização clássica tem a tendência de diminuir o volume e aumentar a intensidade (Fleck e Kraemer, 2017). Para ajustar o treinamento HIIT dentro da periodização clássica, deve-se analisar o intervalo de tempo entre as séries e as cargas, para calcular a intensidade do tempo, e o número de repetições e o de séries, para calcular o volume.

A periodização clássica é uma estrutura muito complexa, que se inicia com a montagem de macrociclos, de mesociclos, de microciclos e a análise das sessões de treinamento, que têm modelos, estruturas e objetivos já determinados, com valores que variam de um descanso total (0%) a trabalhos máximos (100%). É necessário entender que esses valores não são totais em relação à intensidade e ao volume, mas, sim, representam a carga de trabalho das sessões, a qual engloba a porcentagem de controle de intensidade e de volume. Para elaborar o treinamento, em primeiro lugar, é preciso conhecer muito bem o cliente, criar metas para serem buscadas e atingidas, analisar e avaliar o estágio em que o cliente se encontra, e, também, compreender os esforços a serem realizados nas fases de recuperação parcial.

A seguir, exemplos de microciclos e a porcentagem de carga de treino por sessão. Primeiro, demonstram-se as estruturas de microciclo e suas porcentagens de carga, estipuladas por Matveev (1997). Logo em seguida, demonstra-se como calcular a zona de trabalho das sessões de treino em cada variável do HIIT.

Gráfico 7.1 – Microciclo de incorporação: utilizado para realizar alterações no treinamento

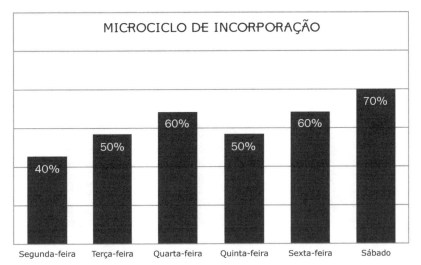

Fonte: adaptado de Dantas (1998).

Gráfico 7.2 – Microciclo de incorporação: adaptado para 4 (*a*) ou 3 (*b*) treinos por semana, para uso por academias e por *personal trainers*

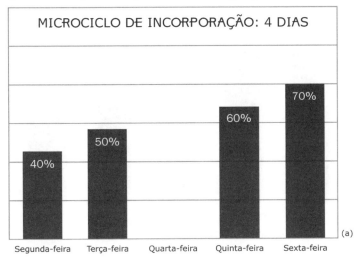

Continua

Continuação

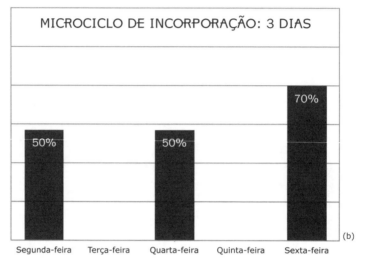

Fonte: adaptado de Gomes e Araújo Filho (1992).

Gráfico 7.3 – Microciclo ordinário: visa aumentar os níveis de treinamento

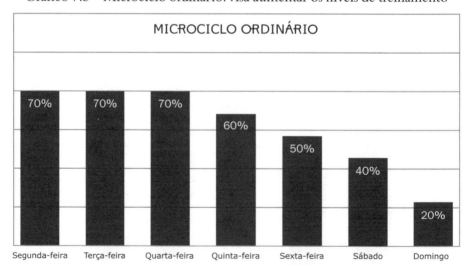

Fonte: adaptado de Dantas (1998).

Gráfico 7.4 – Microciclo ordinário: adaptado para 4 (*a*) ou 3 (*b*) treinos por semana, para uso por academias e por *personal trainers*

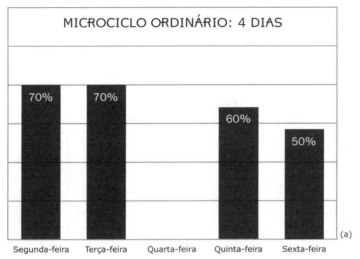
(a)

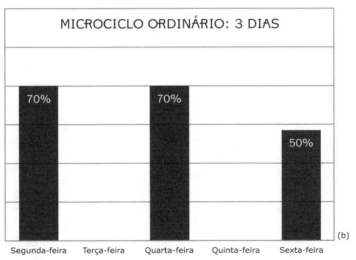
(b)

Fonte: adaptado de Dantas (1998).

Gráfico 7.5 – Microciclos de choque: têm como objetivo atingir picos de treinamento tanto no volume quanto na intensidade

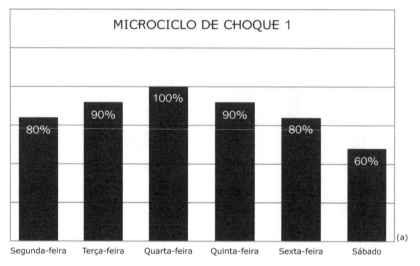

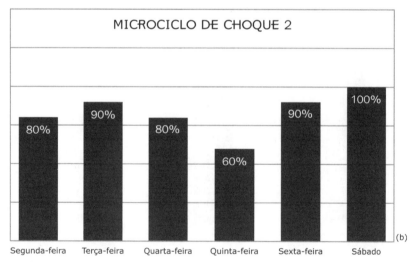

Fonte: adaptado de Dantas (1998).

Gráfico 7.6 – Microciclos de choque: adaptados para 4 (*a, c*) ou 3 (*b, d*) treinos por semana, para uso por academias e por *personal trainers*

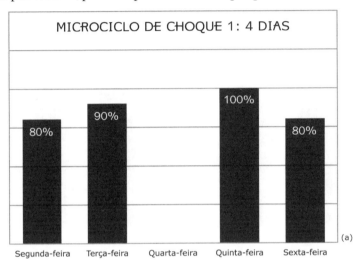
(a)

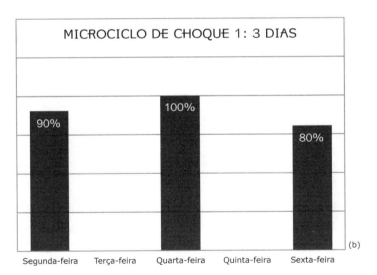
(b)

Continua

Continuação

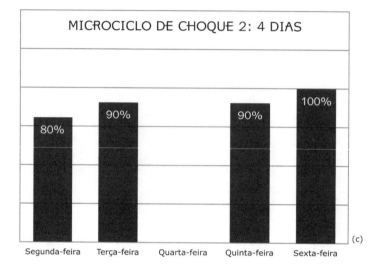
(c)

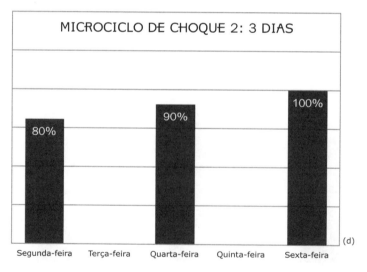
(d)

Fonte: adaptado de Dantas (1998).

Gráfico 7.7 – Microciclo de recuperação: utilizado para fazer uma recuperação fisiológica

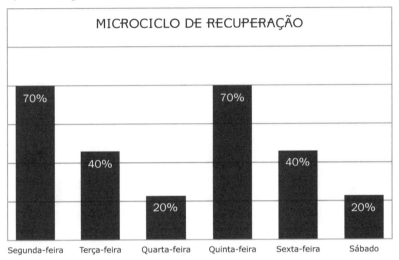

Fonte: adaptado de Dantas (1998).

Gráfico 7.8 – Microciclos de recuperação: adaptado para 4 (*a*) ou 3 (*b*) treinos por semana, para uso por academias e por *personal trainers* (*cross training*)

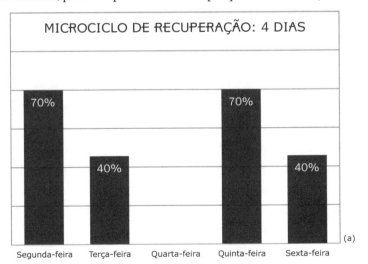

Continua

Continuação

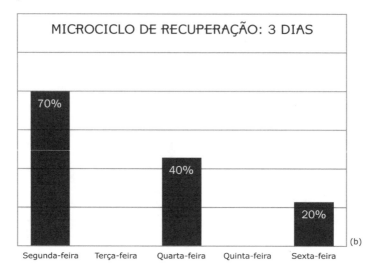

Fonte: adaptado de Gomes e Araújo Filho (1992).

Sessão de treinamento SIT

O que se busca em um treinamento é que o cliente adquira o melhor desempenho possível; percorra a distância no menor tempo possível no SIT; trabalhe com cargas altas por várias repetições no HIRT; e realize um grande número de repetições de exercícios com o peso do corpo no HIIE. Por isso, elabora-se um planejamento em médio e longo prazos, que é chamado de *periodização*.

Para calcular a carga de trabalho no HIIT, é preciso saber o objetivo do cliente; a modalidade ou as variáveis do HIIT; e, previamente, identificar valores a serem utilizados durante a periodização. Esses valores são quantitativos (volume) e qualitativos (intensidade), e devem ser identificados com um valor de trabalho mínimo e com o valor de trabalho a que se almeja chegar. Para identificar tais valores, é necessário que se conheça muito bem o cliente, e, para isso, é preciso tempo de treinamento. A periodização no

HIIT não deve ser realizada com iniciantes ou intermediários, apenas com avançados, muito bem adaptados. Há de se criar uma zona de treinamento que deve ter variáveis quantitativas (volume) e qualitativas (intensidade). Tomando como exemplo o SIT na esteira ou pista, o treinamento é determinado por valores mínimos e máximos (objetivos a serem atingidos): realizar de 4 a 20 tiros de velocidade, com duração entre 10 e 40 s, velocidade entre 8 e 20 km/h e intervalos de 50 a 10 s.

Número de tiros

Calculando a carga de treino da primeira e da quarta sessão de treino dentro de um microciclo de incorporação, cuja carga de trabalho é, respectivamente, de 40% e 50%, se o objetivo for realizar um trabalho entre 4 e 20 tiros de velocidade, caso se utilizem cargas inferiores a 4 tiros, o estímulo será pequeno; caso se utilizem cargas maiores do que 20 tiros, o estímulo será muito grande, fugindo do objetivo desejado. Portanto, percebe-se que, nessa fase, o número máximo de tiros é 20 (100%), e o mínimo, 4 (0%), e que entre 4 e 20 existe uma variável de 16 tiros, que ocorrerá em todo o treinamento.

Gráfico 7.9 – Sessões de treino 40% e 50%

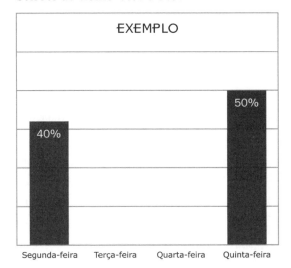

Com essas informações, iniciam-se os cálculos de treinamento em que a variável é o total de variação de carga (100%) (Dantas, 1998); se 16 é igual a 100%, 40%, que é a carga de treinamento da primeira sessão, é x. Então, calcula-se:

16 —————— 100
x —————— 40
Resultado: 6,4

Como a carga mínima com que se deseja trabalhar é de 4 (0%), acrescenta-se o resultado 6,4 e obtém-se 10,4 tiros (ou seja, arredondando, 10 tiros) para a primeira sessão.

Realiza-se o mesmo cálculo para a quarta sessão, cuja carga de trabalho é de 50%:

16 —————— 100
x —————— 50
Resultado: 8

Acrescentando 4, que é o número mínimo de tiros, obtém-se a carga da quarta sessão: 12 tiros. Esse cálculo também deve ser realizado com a duração dos tiros.

Duração dos tiros

Calculando a duração dos tiros da primeira e da quarta sessão de treino dentro de um microciclo de incorporação, cuja carga de trabalho é, respectivamente, de 40% e 50%, se o objetivo for realizar um trabalho entre 10 e 40 s, deve-se perceber que, caso se utilize um tempo inferior a 10 s, o trabalho terá uma duração pequena, sendo ideal chegar a tiros de 40 s. Portanto, percebe-se que a duração máxima é de 40 s (100%) e a mínima é de 10 (0%), e que entre 10 e 40 s existe uma variável de 30 s de duração, que ocorrerá em todo o treinamento.

Periodização

Com esses dados, iniciam-se os cálculos do treinamento, em que 30 é o total de variação da duração (100%); se 30 é igual a 100%, 40%, que é a carga de treinamento da primeira sessão, é x. Então, calcula-se:

30 ─────── 100
x ─────── 40
Resultado: 12

Como o tempo mínimo de duração dos tiros com que se deseja trabalhar é de 10 s (0%), acrescenta-se o resultado 12 e obtém-se o tempo de duração dos tiros da primeira sessão: 22 s por tiro.

Realiza-se o mesmo cálculo para a quarta sessão, cuja carga de trabalho é de 50%:

30 ─────── 100
x ─────── 50
Resultado: 15

Acrescentando 10 s, que é o tempo mínimo da duração dos tiros, obtém-se a duração dos tiros da quarta sessão: 25 s por tiro.

Velocidade dos tiros

Calculando a velocidade dos tiros da primeira e da quarta sessão de treino dentro de um microciclo de incorporação, cuja carga de trabalho é, respectivamente, de 40% e 50%, se o objetivo for realizar um trabalho entre 8 e 20 km/h, deve-se perceber que, caso se utilize velocidade inferior a 8 km/h, será uma velocidade pequena, sendo ideal chegar a tiros de 20 km/h. Portanto, percebe-se que a velocidade máxima é de 20 km/h (100%) e a mínima é de 8 km/h (0%), e que entre 8 e 20 km/h existe uma variável de 12 km/h, que deverá ocorrer em toda a fase do treinamento.

Com esses dados, iniciam-se os cálculos de treinamento, em que 12 km/h é o total de variação da velocidade (100%); se 12 km/h é igual a 100%, 40%, que é a carga de treinamento da primeira sessão, é x. Então, calcula-se:

12 ——————— 100
x ——————— 40
Resultado: 4,8

Como a velocidade mínima dos tiros com que se deseja trabalhar é de 8 km/h (0%), acrescenta-se o resultado 4,8 e obtém-se a velocidade dos tiros da primeira sessão: 12,8 km/h por tiro, aproximadamente.

Realiza-se o mesmo cálculo para a quarta sessão, cuja carga de trabalho é de 50%:

12 ——————— 100
x ——————— 50
Resultado: 6

Acrescentando 8 km/h, que é a velocidade mínima dos tiros, obtém-se a velocidade dos tiros da quarta sessão: 14 km/h por tiro.

Intervalo entre as séries

Para analisar o intervalo entre cada série, deve-se realizar um cálculo semelhante.

Calculando o intervalo da primeira e da quarta sessão de treino dentro de um microciclo de incorporação, cuja carga de trabalho é, respectivamente, de 40% e 50%, se o objetivo for realizar um trabalho com 50 a 10 s de intervalo, iniciando os cálculos de treinamento, em que a variável (40 s) é o total de variação dos intervalos (100%), se 40 s é igual a 100%, 40%, que é a carga de treinamento da primeira sessão, é x. Então, calcula-se:

40 ——————— 100
x ——————— 40
Resultado: 16

Como o intervalo máximo é de 50 s, subtrai-se o resultado 16 e obtém-se o intervalo: 34 s.

Realiza-se o mesmo cálculo para a quarta sessão, cuja carga de trabalho é de 50%:

40 ——————— 100
x ——————— 50
Resultado: 20

Como o intervalo máximo é de 50 s, subtrai-se o resultado 20 e obtém-se o intervalo: 30 s.

Exemplos de treinos das sessões

Periodização clássica – primeira sessão 40%

Dez tiros de 22 s a 12,8 km/h, com intervalos de 34 s. Duração total de aproximadamente 10 min.

Periodização clássica – quarta sessão 50%

Doze tiros de 25 s a 14 km/h, com intervalos de 30 s. Duração total de aproximadamente 11 min.

*****

É importante salientar que o treino HIIT deve ser realizado no início do treino, para que se consiga o máximo de aproveitamento dos substratos energéticos.

Dessa maneira, fica fácil compreender a distribuição das cargas pelo microciclo, em que se deve visualizar as fases de estímulos e as recuperações parciais e totais.

A Tabela 7.1 apresenta os valores específicos exemplificados anteriormente. Vale lembrar que qualquer alteração nos valores trará alterações nessa tabela, e que os valores idealizados nos 100% devem ser atingidos após determinado tempo, como objetivo do macrociclo (as alterações podem ser de 10% a 20%, para mais ou para menos).

Tabela 7.1 – SIT: porcentagem de trabalhos de variáveis na periodização clássica*

Porcentagem	Número de tiros	Duração dos tiros (s)	Velocidade dos tiros (km/h)	Intervalo entre os tiros (s)	Tempo total (min)
10%	6	13	9	46	5,5
20%	7	16	10	42	7
30%	9	19	11	38	9
40%	10	22	13	34	10
50%	12	25	14	30	11
60%	13	28	15	26	12
70%	15	31	16	22	13,5
80%	17	34	17	18	14,5
90%	18	37	19	14	15,5
100%	20	40	20	10	16,5

*Os números desta tabela são aproximados.

Sessão de treinamento HIRT

Em um treinamento de HIRT, alguns dos objetivos são melhorar a resistência muscular, a força e a estética muscular (definição).

Para calcular a carga de trabalho no HIRT, analisam-se variáveis quantitativas (volume) e qualitativas (intensidade). Deve-se identificar um valor de trabalho mínimo e o valor de trabalho que se almeja chegar. Para identificar tais valores, é necessário que se conheça muito bem o cliente. Há de se estruturar o volume e a intensidade das sessões de treino. Como no HIRT trabalha-se com RMs, ocorrem alterações na carga por várias interferências, como: ordem de exercícios, número de séries, combinações de grupos musculares, interferências de fadiga de treinos anteriores etc. Deve-se controlar minuciosamente variáveis como tempo de execução, número de séries e intervalos entre as séries, além de realizar o treino sempre na máxima intensidade.

Número de séries

Calculando a carga de treino da primeira e da quarta sessão de treino dentro de um microciclo de incorporação, cuja carga de trabalho é, respectivamente, de 40% e 50% (mesmos valores da anterior, para comparação), se o objetivo for realizar um trabalho entre 3 e 8 séries, deve-se perceber que, se for utilizada uma carga inferior a 3 séries, o estímulo será pequeno, e se for usada uma carga maior do que 8 séries, o estímulo será muito grande, fugindo do objetivo desejado. Portanto, percebe-se que, nessa fase, o número máximo de séries é 8 (100%), e o mínimo, 3 (0%), e que entre 3 e 8 existe uma variável de 5 séries, que ocorrerá em todo o treinamento.

Com esses dados, iniciam-se os cálculos do treinamento, em que a variável 5 é o total de variação de carga (100%); se 5 é igual a 100%, 40%, que é a carga de treinamento da primeira sessão, é x. Então, calcula-se:

5 ——————— 100
x ——————— 40

Resultado: 2

Como a carga mínima com que se deseja trabalhar é de 3 (0%), acrescenta-se o resultado 2 e obtém-se 5 séries para a primeira sessão.

Realiza-se o mesmo cálculo para a quarta sessão, cuja carga de trabalho é de 50%:

5 ——————— 100
x ——————— 50

Resultado: 2,5

Acrescentando 3, obtém-se a carga da quarta sessão: 5,5 séries.

Duração das séries

Calculando a duração das séries da primeira e da quarta sessão de treino dentro de um microciclo de incorporação, cuja carga de trabalho é, respectivamente, de 40% e 50%, se o objetivo for realizar um trabalho, por exemplo, entre 15 e 30 s, deve-se perceber que, caso de utilize tempo inferior a 15 s, o treino terá uma duração pequena, e que se busca como ideal chegar a séries de 30 s. Portanto, percebe-se que a duração máxima é de 30 s (100%) e a mínima é de 15 s (0%), e que entre 15 e 30 existe uma variável de 15 s de duração, que ocorrerá em todo o treinamento.

Com esses dados, iniciam-se os cálculos de treinamento, em que 15 é o total de variação da duração (100%); se 15 é igual a 100%, 40%, que é a carga de treinamento da primeira sessão, é x. Então, calcula-se:

15 ——————— 100
x ——————— 40

Resultado: 6

Como o tempo mínimo de duração entre as séries que se deseja trabalhar é 15 (0%), acrescenta-se o resultado 6 e obtém-se o tempo de duração das séries da primeira sessão: 21 s por série. Definem-se os exercícios: supino, *peck deck*, tríceps na polia com corda, tríceps francês, elevação lateral, desenvolvimento com halteres, abdome na prancha.

Realiza-se o mesmo cálculo para a quarta sessão, cuja carga de trabalho é de 50%:

15 ——————— 100
x ——————— 50

Resultado: 7,5

Acrescentando 7,5 a 15 s, que é o tempo mínimo da duração das séries, obtém-se a duração das séries da quarta sessão: 22,5 s por série. Definem-se os exercícios: agachamento, *leg press* a 45°, cadeira extensora, puxada pela frente com pegada fechada, remada cavalinho, rosca concentrada, rosca na polia e abdome suspenso.

Intervalo entre as séries

Para analisar o intervalo entre cada série, deve-se realizar um cálculo semelhante. Calculando o intervalo da primeira e da quarta sessão de dentro de um microciclo de incorporação, cuja carga de trabalho é, respectivamente, de 40% e 50%, se o objetivo for realizar um trabalho com 50 a 10 s de intervalo, 40 s é o total de variação dos intervalos (100%), e se 40 é igual a 100%, 40%, que é a carga de treinamento da primeira sessão, é x. Então, calcula-se:

40 ———— 100
x ———— 40

Resultado: 16

Como o intervalo máximo é de 50 s, subtrai-se o resultado 16 e obtém-se o intervalo: 34 s.

Realiza-se o mesmo cálculo para a quarta sessão, cuja carga de trabalho é de 50%:

40 ———— 100
x ———— 50

Resultado: 20

Como o intervalo máximo é de 50 s, subtrai-se o resultado 20 e obtém-se o intervalo: 30 s.

Exemplos de treinos das sessões de HIRT

Periodização clássica – primeira sessão, a 40%

Cinco séries de 21 s, com intervalos de 34 s. Total de 7 exercícios, com duração total de, aproximadamente, 32 min.

Periodização clássica – quarta sessão, a 50%

De 5 a 6 séries de 22,5 s, com intervalos de 30 s. Total de 8 exercícios, com duração total de cerca de 35 a 42 min.

*****

É importante salientar que o treino HIIT deve ser realizado no início do treino, para que se consiga o máximo de aproveitamento dos substratos energéticos.

Dessa maneira, fica fácil compreender a distribuição das cargas pelo microciclo, em que se deve visualizar as fases de estímulos e as recuperações parciais e totais.

A Tabela 7.2 apresenta os valores expecíficos exemplificados anteriormente. Vale lembrar que qualquer alteração nos valores trará alterações nessa tabela, e que os valores idealizados nos 100% devem ser atingidos após determinado tempo, como objetivo do macrociclo (as alterações podem ser de 10% a 20%, para mais ou para menos).

Tabela 7.2 – HIIE: porcentagem de trabalhos de variáveis na periodização clássica*

Porcentagem	Número de séries	Duração das séries (s)	Intervalo entre as séries (s)
10%	3	16	46
20%	4	18	42
30%	4	20	38
40%	5	21	34
50%	5	23	30
60%	6	24	26
70%	6	26	22
80%	7	27	18
90%	7	29	14
100%	8	30	10

*Os números desta tabela são aproximados.

Sessão de treinamento HIIE

O que se busca em um treinamento de HIIE é que o cliente adquira o melhor desempenho possível, execute bem os exercícios, com equilíbrio e o maior número de repetições, sem perder a qualidade do exercício.

Para calcular a carga de trabalho no HIIT, é preciso saber o objetivo do cliente. Como a modalidade que será exemplificada é o HIIE, é nescessário identificar valores quantitativos (volume) e qualitativos (intensidade). Seguindo a estrutura anterior do SIT e do HIRT, é preciso criar uma zona de treinamento que tenha variáveis quantitativas (volume) e qualitativas (intensidade). No HIIE, o treinamento será determinado por valores mínimos e máximos (objetivos a serem atingidos), tempo de execução, número de séries e intervalos entre as séries; não será considerado o número de repetições do exercício, porque o ideal é realizar sempre na máxima intensidade, chamada de *all-out*.

Para calcular a carga de treino da primeira e da quarta sessão dentro de um microciclo de incorporação igual aos anteriores – pois isso possibilita a visualização de estruturas diferenciadas –, é necessário elaborar toda a estrutura dos exercícios que serão realizados. Na primeira sessão, será realizado um trabalho para membros inferiores, e, na quarta, um trabalho para a musculatura peitoral e para o tríceps. A carga de trabalho é de 40% e de 50%, respectivamente para a primeira e a quarta sessão. Na periodização, para os próximos microciclos e sessões de treinos, é preciso buscar valores superiores e inferiores, respectivamente.

Duração das séries

Calculando a duração das séries da primeira e da quarta sessão de treino dentro de um microciclo de incorporação, cuja carga de trabalho é, respectivamente, de 40% e 50%, se o objetivo for realizar um trabalho, por exemplo, entre 10 e 30 s, deve-se perceber que, caso se utilize tempo inferior a 10 s, o treino terá uma duração pequena, e que se busca como ideal chegar a séries de 30 s. Portanto, percebe-se que a duração máxima é de 30 s (100%) e a mínima é de 10 s (0%), e que entre 10 e 30 s existe uma variável de 20 s de duração, que ocorrerá em todo o treinamento.

Com esses dados, iniciam-se os cálculos de treinamento, em que 20 é o total de variação da duração (100%); se 20 é igual a 100%, 40%, que é a carga de treinamento da primeira sessão, é x. Então, calcula-se:

20 ——————— 100
x ——————— 40
Resultado: 8

Como o tempo mínimo de duração entre as séries que se deseja trabalhar é de 10 s (0%), acrescenta-se o resultado 8 e obtém-se o tempo de duração das séries da primeira sessão: 18 s por série. Definem-se os exercícios: *skier jumping jack*, *squat*, *burpee*, *mountain climber*, *tuck jump*.

Realiza-se o mesmo cálculo para a quarta sessão, cuja carga de trabalho é de 50%:

20 ——————— 100
x ——————— 50
Resultado: 10

Acrescentando 10 s, que é o tempo mínimo da duração das séries, obtém-se a duração das séries da quarta sessão: 20 s por série. Definem-se os exercícios: *bench dip, plyometric push-up, single leg dip, incline push-up, wide push-up*.

Número de séries

Calculando a carga de treino da primeira e da quarta sessão de treino dentro de um microciclo de incorporação, cuja carga de trabalho é, respectivamente, de 40% e 50%, se o objetivo for realizar um trabalho entre

4 e 10 séries, utilizando cargas inferiores a 4 séries, o estímulo será pequeno, e usando cargas maiores que 10 séries, o estímulo será muito grande, fugindo do objetivo desejado. Portanto, percebe-se que, nessa fase, o número máximo de séries é 10 (100%), e o mínimo, 4 (0%), e que entre 4 e 10 existe uma variável de 6 tiros, que ocorrerá em todo o treinamento.

Com esses dados, iniciam-se os cálculos de treinamento, em que a variável 35 é o total de variação de carga (100%); se 6 é igual a 100%, 40%, que é a carga de treinamento da primeira sessão, é x. Então, calcula-se:

6 ——————— 100
x ——————— 40
Resultado: 2,4

Como a carga mínima com que se deseja trabalhar é de 4 (0%), acrescenta-se o resultado 2,4 e obtém-se 6,4 séries (ou seja, arredondando, 6 séries) para a primeira sessão.

Realiza-se o mesmo cálculo para a quarta sessão, cuja carga de trabalho é de 50%:

6 ——————— 100
x ——————— 50
Resultado: 3

Acrescentando 4, obtém-se a carga da quarta sessão: 7 séries.

Intervalo entre as séries

Para analisar o intervalo entre cada série, deve-se realizar um cálculo semelhante. Calculando o intervalo da primeira e da quarta sessão de treino do microciclo de incorporação, cuja carga de trabalho é, respectivamente, de 40% e 50%, se o objetivo for realizar um trabalho com 40 a 10 s de intervalo, a variável (30 s) é o total de variação dos intervalos (100%), e se 30 s é igual a 100%, 40%, que é a carga de treinamento da primeira sessão, é x. Então, calcula-se:

30 ——————— 100
x ——————— 40
Resultado: 12

Como o intervalo máximo é de 40 s, subtrai-se o resultado 12 e obtém-se o intervalo: 28 s.

Realiza-se o mesmo cálculo para a quarta sessão, cuja carga de trabalho é de 50%:

30 ——————— 100
x ——————— 50
Resultado: 15

Como o intervalo máximo é de 40 s, subtrai-se o resultado 15 e obtém-se o intervalo: 25 s.

Exemplos de treinos das sessões de HIIE

Periodização clássica – primeira sessão 40%

Seis séries de 18 s, com intervalos de 28 s. Total de 5 exercícios, duração total de, aproximadamente, 23 min.

Periodização clássica – quarta sessão 50%

Sete séries de 20 s, com intervalos de 25 s. Total de 6 exercícios duração total de, aproximadamente, 31min30s.

*****

É importante salientar que o treino HIIT deve ser realizado no início do treino, para que se consiga o máximo de aproveitamento dos substratos energéticos.

Dessa maneira, fica fácil compreender a distribuição das cargas pelo microciclo, em que se deve visualizar as fases de estímulos e as recuperações parciais e totais.

A Tabela 7.3 apresenta os valores específicos exemplificados anteriormente. Vale lembrar que qualquer alteração nos valores trará alterações nessa tabela, e que os valores idealizados nos 100% devem ser atingidos após determinado tempo, como ideal do macrociclo (as alterações podem ser de 10% a 20%, para mais ou para menos).

Tabela 7.3 – HIRT: Porcentagem de trabalhos de variáveis na periodização clássica*

Porcentagem	Número de séries	Duração das séries (s)	Intervalo entre as séries (s)
10%	4	12	37
20%	5	14	34
30%	6	16	31
40%	6	18	28
50%	7	20	25
60%	7	22	22
70%	8	24	19
80%	8	26	16
90%	9	28	13
100%	10	30	10

*Os números desta tabela são aproximados.

Sessão de treinamento cross training

Quando se fala em treinamento HIIT, tem-se o *cross training*, que considera, engloba e unifica as três modalidades citadas (SIT, HIIE e HIRT). É possível intercalar o treino como se deseja, mas se sugere que isso ocorra com algumas alternâncias, como a periodização a seguir.

SIT, HIIE e HIRT

Nesta exemplificação, serão mantidos os valores anteriores, para facilitar a compreensão, mas serão trocados os dias da periodização. Utilizam-se como exemplo a terceira e a sexta sessão de treino, que equivalem a 60% e 70%, respectivamente. Inicia-se na esteira (SIT), passa-se aos exercícios calistênicos (HIIE) e finaliza-se com os exercícios resistidos (HIRT).

Esteira (SIT)

- *Variáveis*: 4 a 20 tiros de velocidade, com duração entre 10 e 40 s, velocidade entre 8 e 20 km/h, e intervalo entre as séries de 50 a 10 s.
- *Carga de trabalho para a 3ª sessão de treino (60%)*: 13 tiros de 28 s, com velocidade de 15,2 km/h e intervalo entre os tiros de 26 s; 12 min de duração.
- *Carga de trabalho para a 6ª sessão de treino (70%)*: 15 tiros de 31 s, com velocidade de 16,4 km/h e intervalo entre os tiros de 22 s; 13min30s de duração.

Calistenia (HIIE)

Exercícios: tuck jump e mountain climber

- *Variáveis*: 4 a 10 séries, com duração entre 10 e 30 s e intervalo entre as séries de 50 a 10 s.
- *Carga de trabalho para a 3ª sessão de treino (60%)*: 7 séries de 22 s, com intervalo entre as séries de 22 s; 10min30s de duração.

- *Carga de trabalho para a 6ª sessão de treino (70%)*: 8 séries de 24 s, com intervalo entre as séries de 19 s; 11min30s de duração.

Exercícios resistidos (HIRT)

Exercícios: supino, levantamento terra, remada sentada na polia e agachamento

- *Variáveis*: 3 a 8 séries, com duração entre 15 e 30 s e intervalo entre as séries de 40 a 10 s.
- *Carga de trabalho para a 3ª sessão de treino (60%)*: 6 séries de 24 s, com intervalo entre as séries de 26 s; 20 min de duração.
- *Carga de trabalho para a 6ª sessão de treino (70%)*: 6 a 7 séries de 25,5 s, com intervalo entre as séries de 22 s; 19 a 22 min de duração.

*****

O tempo total das sessões mistas deve ficar entre 42 e 47 min, e as três variáveis são utilizadas no mesmo treino. Um dos problemas da periodização clássica é que não há a possibilidade de uso constante de protocolos de treinos com tempos previamente estipulados, como Tabata, Trapp, entre outros, em razão da grande variabilidade de tempo de séries, de intervalos entre as séries e de número de séries.

Mesociclo

É importante sempre pensar do maior para o menor. Foi demonstrado como calcular a sessão de treino, agora, é preciso calcular o microciclo e, com ele, o mesociclo.

Mesociclos são estruturas de três ou mais semanas formadas por um somatório de microciclos, para que a estratégia de treinamento trimestral, semestral ou anual (o *macrociclo*) possa ser estruturada (Bossi, 2015).

Exemplos de mesociclo

Gráfico 7.10 – Mesociclo de incorporação: utilizado no período preparatório, buscando adaptar o organismo a mudanças de treinamento

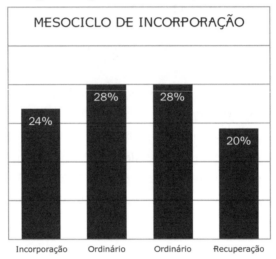

Fonte: adaptado de Dantas (1998).

Gráfico 7.11 – Mesociclo básico: realizado na fase básica e específica do treinamento, adaptando o organismo às cargas de trabalho

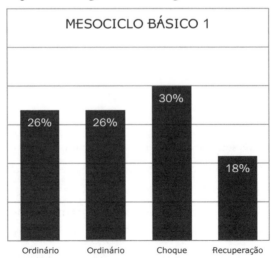

Fonte: adaptado de Dantas (1998).

Gráfico 7.12 – Mesociclo estabilizador: busca estabilização e fixação das cargas de trabalho

Fonte: adaptado de Dantas (1998).

Gráfico 7.13 – Mesociclo de controle: realizado após o mesociclo estabilizador, para avaliar e valorar os resultados obtidos

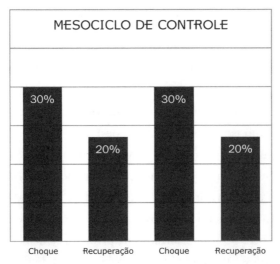

Fonte: adaptado de Dantas (1998).

Gráfico 7.14 – Mesociclo de recuperação: utilizado no período de transição para a recuperação fisiológica

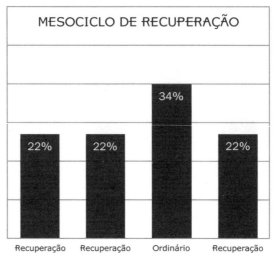

Fonte: adaptado de Dantas (1998).

Mesociclo SIT

Para calcular o mesociclo, somam-se os volumes totais do treino SIT, o número de tiros, a duração dos tiros e a distância total.

No exemplo anterior, na primeira sessão, foram realizados 10 tiros de 22 s, com tempo total de 10 min e, na quarta sessão, 12 tiros de 25 s, com duração total de cerca de 11 min. Isso exemplifica que, durante o microciclo de incorporação, o cliente teria realizado um total de 75 tiros, com duração de 70 min (somatório das 6 sessões).

Há duas maneiras de calcular: interpretar os valores de um macrociclo anterior e realizar um acréscimo (por exemplo, mais 10%) ou realizar um microciclo de incorporação bem-elaborado e, com base nele, calcular os valores dos próximos microciclos.

No cálculo, os 75 tiros realizados na primeira semana de treino equivalem a 26% e, desse valor, obtém-se o volume total de tiros (100%):

75 ——————— 26%
x ——————— 100%
Resultado: 288,5 tiros no mesociclo de incorporação

Realiza-se o mesmo cálculo para saber o tempo total (70 min), que deve ser igualado a 24%:

70 ——————— 24%
x ——————— 100%
Resultado: 291min36s no mesociclo de incorporação

Se a ideia for realizar um macrociclo de 7 mesociclos, multiplicam-se esses valores por 7 e descobre-se a carga total do macrociclo:

- 2.019,5 tiros no macrociclo.
- 2.041 min, aproximadamente, no macrociclo (34 h).

Em que:

- 28% (incorporação): 75 tiros, 70 min para microciclo de incorporação.
- 28% (ordinário): 87 tiros, 81min36s para microciclo ordinário.
- 30% (ordinário): 87 tiros, 81min36s para microciclo ordinário.
- 16% (recuperação): 63 tiros, 58min18s para microciclo recuperação.

Realizar duas vezes esse mesociclo, alternando o microciclo de incorporação para segundo microciclo e colocando o segundo microciclo ordinário para primeiro.

- 28% (ordinário): 87 tiros, 81min36s para microciclo ordinário.
- 28% (incorporação): 75 tiros, 70 min para microciclo de incorporação.
- 30% (ordinário): 87 tiros, 81min36s para microciclo ordinário.
- 16% (recuperação): 63 tiros, 58min18s para microciclo recuperação.

Pode-se fazer a análise de um mesociclo para chegar ao preparativo do macrociclo.

Por exemplo, um mesociclo de incorporação é composto de um microciclo de incorporação, mais dois ordinários e um de recuperação. Como calcular isso?

Microciclo de incorporação (24%)

- *1ª sessão*: a 40%, 10 tiros, com duração total de 10 min.
- *2ª sessão*: a 50%, 12 tiros, com duração total de 11 min.
- *3ª sessão*: a 60%, 13 tiros, com duração total de 12 min.
- *4ª sessão*: a 50%, 12 tiros, com duração total de 11 min.
- *5ª sessão*: a 60%, 13 tiros, com duração total de 12 min.
- *6ª sessão*: a 70%, 15 tiros, com duração total de 13 min.

Microciclo ordinário (28%)

- *7ª sessão*: a 70%, 15 tiros, com duração total de 13min30s.
- *8ª sessão*: a 70%, 15 tiros, com duração total de 13min30s.
- *9ª sessão*: a 70%, 15 tiros, com duração total de 13min30s.
- *10ª sessão*: a 60%, 13 tiros, com duração total de 12 min.
- *11ª sessão*: a 50%, 12 tiros, com duração total de 11 min.
- *12ª sessão*: a 40%, 10 tiros, com duração total de 10 min.
- *13ª sessão*: a 20%, 7 tiros, com duração total de 7 min.

Microciclo ordinário (28%)

- *14ª sessão*: a 70%, 15 tiros, com duração total de 13min30s.
- *15ª sessão*: a 70%, 15 tiros, com duração total de 13min30s.
- *16ª sessão*: a 70%, 15 tiros, com duração total de 13min30s.
- *17ª sessão*: a 60%, 13 tiros, com duração total de 12 min.
- *18ª sessão*: a 50%, 12 tiros, com duração total de 11 min.
- *19ª sessão*: a 40%, 10 tiros, com duração total de 10 min.
- *20ª sessão*: a 20%, 7 tiros, com duração total de 7 min.

Microciclo de recuperação (20%) (valores aproximados)

- *21ª sessão*: a 70%, 15 tiros, com duração total de 13min30s.
- *22ª sessão*: a 50%, 12 tiros, com duração total de 11 min.
- *23ª sessão*: a 20%, 7 tiros, com duração total de 7 min.
- *24ª sessão*: a 70%, 15 tiros, com duração total de 13min30s.
- *25ª sessão*: a 50%, 12 tiros, com duração total de 11 min.
- *26ª sessão*: a 20%, 7 tiros, com duração total de 7 min.

Obtêm-se os valores completos para realização dos próximos mesociclos: 326 tiros totais no mesociclo e tempo total de 304 min. Comparativamente, a diferença entre um treino de microciclo e de mesociclo é muito pequena, em razão da estrutura de periodização clássica. Então, faz-se a distribuição das cargas para todos os mesociclos restantes. Basta pegar os valores totais do mesociclo e multiplicar por 7, que é o total de mesociclos no macrociclo.

- 313 tiros × 7 = 2.191 tiros no macrociclo.
- 290 min × 7 = 2.030 min no macrociclo.

Ou realizar todo o macrociclo e identificar sua carga, conforme sua composição:

- 2 mesociclos de incorporação.
- 1 mesociclo básico.
- 1 mesociclo de controle.
- 2 mesociclos básicos.
- 1 mesociclo de recuperação.
- Total de 7 mesociclos.

Distribuição das cargas nos mesociclos

1º mesociclo de incorporação

Microciclo de incorporação (24%)

- *1ª sessão*: a 40%, 10 tiros de 22 s a 12 km/h, com 32 s de intervalo e duração total de 10 min.
- *2ª sessão*: a 50%, 12 tiros de 25 s a 14 km/h, com 30 s de intervalo e duração total de 11 min.
- *3ª sessão*: a 60%, 13 tiros de 28 s a 15 km/h, com 26 s de intervalo e duração total de 12 min.
- *4ª sessão*: a 50%, 12 tiros de 25 s a 14 km/h, com 30 s de intervalo e duração total de 11 min.
- *5ª sessão*: a 60%, 13 tiros de 28 s a 15 km/h, com 26 s de intervalo e duração total de 12 min.
- *6ª sessão*: a 70%, 15 tiros de 31 s a 16 km/h, com 22 s de intervalo e duração total de 13 min.

Microciclo ordinário (28%)

- *7ª sessão*: a 70%, 15 tiros de 31 s a 16 km/h, com 22 s de intervalo e duração total de 13 min.
- *8ª sessão*: a 70%, 15 tiros de 31 s a 16 km/h, com 22 s de intervalo e duração total de 13 min.
- *9ª sessão*: a 70%, 15 tiros de 31 s a 16 km/h, com 22 s de intervalo e duração total de 13 min.
- *10ª sessão*: a 60%, 13 tiros de 28 s a 15 km/h, com 26 s de intervalo e duração total de 12 min.
- *11ª sessão*: a 50%, 12 tiros de 25 s a 14 km/h, com 30 s de intervalo e duração total de 11 min.
- *12ª sessão*: a 40%, 10 tiros de 22 s a 12 km/h, com 32 s de intervalo e duração total de 10 min.
- *13ª sessão*: a 20%, 10 tiros de 16 s a 10 km/h, com 42 s de intervalo e duração total de 7 min.

Microciclo ordinário (28%)

- *14ª sessão*: a 70%, 15 tiros de 31 s a 16 km/h, com 22 s de intervalo e duração total de 13 min.
- *15ª sessão*: a 70%, 15 tiros de 31 s a 16 km/h, com 22 s de intervalo e duração total de 13 min.
- *16ª sessão*: a 70%, 15 tiros de 31 s a 16 km/h, com 22 s de intervalo e duração total de 13 min.
- *17ª sessão*: a 60%, 13 tiros de 28 s a 15 km/h, com 26 s de intervalo e duração total de 12 min.
- *18ª sessão*: a 50%, 12 tiros de 25 s a 14 km/h, com 30 s de intervalo e duração total de 11 min.
- *19ª sessão*: a 40%, 10 tiros de 22 s a 12 km/h, com 32 s de intervalo e duração total de 10 min.
- *20ª sessão*: a 20%, 10 tiros de 16 s a 10 km/h, com 42 s de intervalo e duração total de 7 min.

Microciclo de recuperação (20%)

- *21ª sessão*: a 70%, 15 tiros de 31 s a 16 km/h, com 22 s de intervalo e duração total de 13 min.
- *22ª sessão*: a 50%, 12 tiros de 25 s a 14 km/h, com 30 s de intervalo e duração total de 11 min.
- *23ª sessão*: a 20%, 10 tiros de 16 s a 10 km/h, com 42 s de intervalo e duração total de 7 min.
- *24ª sessão*: a 70%, 15 tiros de 31 s a 16 km/h, com 22 s de intervalo e duração total de 13 min.
- *25ª sessão*: a 50%, 12 tiros de 25 s a 14 km/h, com 30 s de intervalo e duração total de 11 min.
- *26ª sessão*: a 20%, 10 tiros de 16 s a 10 km/h, com 42 s de intervalo e duração total de 7 min.

2º mesociclo de incorporação

Deve haver uma troca do segundo microciclo ordinário pelo terceiro, para possibilitar um estresse menor para o próximo mesociclo básico.

Microciclo de incorporação (24%)

- *27ª sessão*: a 40%, 10 tiros de 22 s a 12 km/h, com 32 s de intervalo e duração total de 10 min.
- *28ª sessão*: a 50%, 12 tiros de 25 s a 14 km/h, com 30 s de intervalo e duração total de 11 min.
- *29ª sessão*: a 60%, 13 tiros de 28 s a 15 km/h, com 26 s de intervalo e duração total de 12 min.
- *30ª sessão*: a 50%, 12 tiros, de 25 s a 14 km/h, com 30 s de intervalo e duração total de 11 min.
- *31ª sessão*: a 60%, 13 tiros de 28 s a 15 km/h, com 26 s de intervalo e duração total de 12 min.
- *32ª sessão*: a 70%, 15 tiros de 31 s a 16 km/h, com 22 s de intervalo e duração total de 13 min.

Microciclo ordinário (28%)

- *33ª sessão*: a 70%, 15 tiros de 31 s a 16 km/h, com 22 s de intervalo e duração total de 13 min.
- *34ª sessão*: a 70%, 15 tiros de 31 s a 16 km/h, com 22 s de intervalo e duração total de 13 min.
- *35ª sessão*: a 70%, 15 tiros de 31 s a 16 km/h, com 22 s de intervalo e duração total de 13 min.
- *36ª sessão*: a 60%, 13 tiros de 28 s a 15 km/h, com 26 s de intervalo e duração total de 12 min.
- *37ª sessão*: a 50%, 12 tiros de 25 s a 14 km/h, com 30 s de intervalo e duração total de 11 min.
- *38ª sessão*: a 40%, 10 tiros de 22 s a 12 km/h, com 32 s de intervalo e duração total de 10 min.
- *39ª sessão*: a 20%, 10 tiros de 16 s a 10 km/h, com 42 s de intervalo e duração total de 7 min.

Microciclo ordinário (28%)

- *40ª sessão*: a 70%, 15 tiros de 31 s a 16 km/h com 22 s de intervalo e duração total de 13 min.
- *41ª sessão*: a 70%, 15 tiros de 31 s a 16 km/h, com 22 s de intervalo e duração total de 13 min.
- *42ª sessão*: a 70%, 15 tiros de 31 s a 16 km/h, com 22 s de intervalo e duração total de 13 min.
- *43ª sessão*: a 60%, 13 tiros de 28 s a 15 km/h, com 26 s de intervalo e duração total de 12 min.
- *44ª sessão*: a 50%, 12 tiros de 25 s a 14 km/h, com 30 s de intervalo e duração total de 11 min.
- *45ª sessão*: a 40%, 10 tiros de 22 s a 12 km/h, com 32 s de intervalo e duração total de 10 min.
- *46ª sessão*: a 20%, 10 tiros de 16 s a 10 km/h, com 42 s de intervalo e duração total de 7 min.

Microciclo de recuperação (20%)

- *47ª sessão*: a 70%, 15 tiros de 31 s a 16 km/h, com 22 s de intervalo e duração total de 13 min.
- *48ª sessão*: a 50%, 12 tiros de 25 s a 14 km/h, com 30 s de intervalo e duração total de 11 min.
- *49ª sessão*: a 20%, 10 tiros de 16 s a 10 km/h, com 42 s de intervalo e duração total de 7 min.
- *50ª sessão*: a 70%, 15 tiros de 31 s a 16 km/h, com 22 s de intervalo e duração total de 13 min.
- *51ª sessão*: a 50%, 12 tiros de 25 s a 14 km/h, com 30 s de intervalo e duração total de 11 min.
- *52ª sessão*: a 20%, 10 tiros de 16 s a 10 km/h, com 42 s de intervalo e duração total de 7 min.

3º mesociclo básico 1

Microciclo ordinário (26%)

- *53ª sessão*: a 70%, 15 tiros de 31 s a 16 km/h, com 22 s de intervalo e duração total de 13 min.
- *54ª sessão*: a 70%, 15 tiros de 31 s a 16 km/h, com 22 s de intervalo e duração total de 13 min.
- *55ª sessão*: a 70%, 15 tiros de 31 s a 16 km/h, com 22 s de intervalo e duração total de 13 min.
- *56ª sessão*: a 60%, 13 tiros de 28 s a 15 km/h, com 26 s de intervalo e duração total de 12 min.
- *57ª sessão*: a 50%, 12 tiros de 25 s a 14 km/h, com 30 s de intervalo e duração total de 11 min.
- *58ª sessão*: a 40%, 10 tiros de 22 s a 12 km/h, com 32 s de intervalo e duração total de 10 min.
- *59ª sessão*: a 20%, 10 tiros de 16 s a 10 km/h, com 42 s de intervalo e duração total de 7 min.

Microciclo ordinário (26%)

- *60ª sessão*: a 70%, 15 tiros de 31 s a 16 km/h, com 22 s de intervalo e duração total de 13 min.
- *61ª sessão*: a 70%, 15 tiros de 31 s a 16 km/h, com 22 s de intervalo e duração total de 13 min.
- *62ª sessão*: a 70%, 15 tiros de 31 s a 16 km/h, com 22 s de intervalo e duração total de 13 min.
- *63ª sessão*: a 60%, 13 tiros de 28 s a 15 km/h, com 26 s de intervalo e duração total de 12 min.
- *64ª sessão*: a 50%, 12 tiros de 25 s a 14 km/h, com 30 s de intervalo e duração total de 11 min.
- *65ª sessão*: a 40%, 10 tiros de 22 s a 12 km/h, com 32 s de intervalo e duração total de 10 min.
- *66ª sessão*: a 20%, 10 tiros de 16 s a 10 km/h, com 42 s de intervalo e duração total de 7 min.

Microciclo de choque (30%)

- *67ª sessão*: a 80%, 16 tiros de 34 s a 17 km/h, com 18 s de intervalo e duração total de 14 min.
- *68ª sessão*: a 90%, 18 tiros de 37 s a 18 km/h, com 14 s de intervalo e duração total de 15min30s.
- *69ª sessão*: a 100%, 20 tiros de 40 s a 20 km/h, com 10 s de intervalo e duração total de 16min30s.
- *70ª sessão*: a 90%, 18 tiros de 37 s a 18 km/h, com 14 s de intervalo e duração total de 15min30s.
- *71ª sessão*: a 80%, 16 tiros de 34 s a 17 km/h, com 18 s de intervalo e duração total de 14 min.
- *72ª sessão*: a 60%, 13 tiros de 28 s a 15 km/h, com 26 s de intervalo e duração total de 12 min.

Microciclo de recuperação (18%)

- *73ª sessão*: a 70%, 15 tiros de 31 s a 16 km/h, com 22 s de intervalo e duração total de 13 min.
- *74ª sessão*: a 50%, 12 tiros de 25 s a 14 km/h, com 30 s de intervalo e duração total de 11 min.
- *75ª sessão*: a 20%, 10 tiros de 16 s a 10 km/h, com 42 s de intervalo e duração total de 7 min.
- *76ª sessão*: a 70%, 15 tiros de 31 s a 16 km/h, com 22 s de intervalo e duração total de 13 min.
- *77ª sessão*: a 50%, 12 tiros de 25 s a 14 km/h, com 30 s de intervalo e duração total de 11 min.
- *78ª sessão*: a 20%, 10 tiros de 16 s a 10 km/h, com 42 s de intervalo e duração total de 7 min.

4º mesociclo de controle

Microciclo de choque (30%)

- *79ª sessão*: a 80%, 16 tiros de 34 s a 17 km/h, com 18 s de intervalo e duração total de 14 min.
- *80ª sessão*: a 90%, 18 tiros de 37 s a 18 km/h, com 14 s de intervalo e duração total de 15min30s.
- *81ª sessão*: a 100%, 20 tiros de 40 s a 20 km/h, com 10 s de intervalo e duração total de 16min30s.
- *82ª sessão*: a 90%, 18 tiros de 37 s a 18 km/h, com 14 s de intervalo e duração total de 15min30s.
- *83ª sessão*: a 80%, 16 tiros de 34 s a 17 km/h, com 18 s de intervalo e duração total de 14 min.
- *84ª sessão*: a 60%, 13 tiros de 28 s a 15 km/h, com 26 s de intervalo e duração total de 12 min.

Microciclo de recuperação (20%)

- *85ª sessão*: a 70%, 15 tiros de 31 s a 16 km/h, com 22 s de intervalo e duração total de 13 min.
- *86ª sessão*: a 50%, 12 tiros de 25 s a 14 km/h, com 30 s de intervalo e duração total de 11 min.
- *87ª sessão*: a 20%, 10 tiros de 16 s a 10 km/h, com 42 s de intervalo e duração total de 7 min.
- *88ª sessão*: a 70%, 15 tiros de 31 s a 16 km/h, com 22 s de intervalo e duração total de 13 min.
- *89ª sessão*: a 50%, 12 tiros de 25 s a 14 km/h, com 30 s de intervalo e duração total de 11 min.
- *90ª sessão*: a 20%, 10 tiros de 16 s a 10 km/h, com 42 s de intervalo e duração total de 7 min.

Microciclo de choque (30%)

- *91ª sessão*: a 80%, 16 tiros de 34 s a 17 km/h, com 18 s de intervalo e duração total de 14 min.
- *92ª sessão*: a 90%, 18 tiros de 37 s a 18 km/h, com 14 s de intervalo e duração total de 15min30s.
- *93ª sessão*: a 100%, 20 tiros de 40 s a 20 km/h, com 10 s de intervalo e duração total de 16min30s.
- *94ª sessão*: a 90%, 18 tiros de 37 s a 18 km/h, com 14 s de intervalo e duração total de 15min30s.
- *95ª sessão*: a 80%, 16 tiros de 34 s a 17 km/h, com 18 s de intervalo e duração total de 14 min.
- *96ª sessão*: a 60%, 13 tiros de 28 s a 15 km/h, com 26 s de intervalo e duração total de 12 min.

Microciclo de recuperação (20%)

- *97ª sessão*: a 70%, 15 tiros de 31 s a 16 km/h, com 22 s de intervalo e duração total de 13 min.
- *98ª sessão*: a 50%, 12 tiros de 25 s a 14 km/h, com 30 s de intervalo e duração total de 11 min.
- *99ª sessão*: a 20%, 10 tiros de 16 s a 10 km/h, com 42 s de intervalo e duração total de 7 min.
- *100ª sessão*: a 70%, 15 tiros de 31 s a 16 km/h, com 22 s de intervalo e duração total de 13 min.
- *101ª sessão*: a 50%, 12 tiros de 25 s a 14 km/h, com 30 s de intervalo e duração total de 11 min.
- *102ª sessão*: a 20%, 10 tiros de 16 s a 10 km/h, com 42 s de intervalo e duração total de 7 min.

5º mesociclo básico

Microciclo ordinário (26%)

- *103ª sessão*: a 70%, 15 tiros de 31 s a 16 km/h, com 22 s de intervalo e duração total de 13 min.
- *104ª sessão*: a 70%, 15 tiros de 31 s a 16 km/h, com 22 s de intervalo e duração total de 13 min.
- *105ª sessão*: a 70%, 15 tiros de 31 s a 16 km/h, com 22 s de intervalo e duração total de 13 min.
- *106ª sessão*: a 60%, 13 tiros de 28 s a 15 km/h, com 26 s de intervalo e duração total de 12 min.
- *107ª sessão*: a 50%, 12 tiros de 25 s a 14 km/h, com 30 s de intervalo e duração total de 11 min.
- *108ª sessão*: a 40%, 10 tiros de 22 s a 12 km/h, com 32 s de intervalo e duração total de 10 min.
- *109ª sessão*: a 20%, 10 tiros de 16 s a 10 km/h, com 42 s de intervalo e duração total de 7 min.

Microciclo ordinário (26%)

- *110ª sessão*: a 70%, 15 tiros de 31 s a 16 km/h, com 22 s de intervalo e duração total de 13 min.
- *111ª sessão*: a 70%, 15 tiros de 31 s a 16 km/h, com 22 s de intervalo e duração total de 13 min.
- *112ª sessão*: a 70%, 15 tiros de 31 s a 16 km/h, com 22 s de intervalo e duração total de 13 min.
- *113ª sessão*: a 60%, 13 tiros de 28 s a 15 km/h, com 26 s de intervalo e duração total de 12 min.
- *114ª sessão*: a 50%, 12 tiros de 25 s a 14 km/h, com 30 s de intervalo e duração total de 11 min.
- *115ª sessão*: a 40%, 10 tiros de 22 s a 12 km/h, com 32 s de intervalo e duração total de 10 min.
- *116ª sessão*: a 20%, 10 tiros de 16 s a 10 km/h, com 42 s de intervalo e duração total de 7 min.

Periodização 145

Microciclo de choque (30%)

- *117ª* sessão: a 80%, 16 tiros de 34 s a 17 km/h, com 18 s de intervalo e duração total de 14 min.
- *118ª* sessão: a 90%, 18 tiros de 37 s a 18 km/h, com 14 s de intervalo e duração total de 15min30s.
- *119ª* sessão: a 100%, 20 tiros de 40 s a 20 km/h, com 10 s de intervalo e duração total de 16min30s.
- *120ª* sessão: a 90%, 18 tiros de 37 s a 18 km/h, com 14 s de intervalo e duração total de 15min30s.
- *121ª* sessão: a 80%, 16 tiros de 34 s a 17 km/h, com 18 s de intervalo e duração total de 14 min.
- *122ª sessão*: a 60%, 13 tiros de 28 s a 15 km/h, com 26 s de intervalo e duração total de 12 min.

Microciclo de recuperação (18%)

- *123ª sessão*: a 70%, 15 tiros de 31 s a 16 km/h, com 22 s de intervalo e duração total de 13 min.
- *124ª sessão*: a 50%, 12 tiros de 25 s a 14 km/h, com 30 s de intervalo e duração total de 11 min.
- *125ª sessão*: a 20%, 10 tiros de 16 s a 10 km/h, com 42 s de intervalo e duração total de 7 min.
- *126ª sessão*: a 70%, 15 tiros de 31 s a 16 km/h, com 22 s de intervalo e duração total de 13 min.
- *127ª sessão*: a 50%, 12 tiros de 25 s a 14 km/h, com 30 s de intervalo e duração total de 11 min.
- *128ª sessão*: a 20%, 10 tiros de 16 s a 10 km/h, com 42 s de intervalo e duração total de 7 min.

6º mesociclo de recuperação

Microciclo de recuperação (22%)

- *129ª sessão*: a 70%, 15 tiros de 31 s a 16 km/h, com 22 s de intervalo e duração total de 13 min.
- *130ª sessão*: a 50%, 12 tiros de 25 s a 14 km/h, com 30 s de intervalo e duração total de 11 min.
- *131ª sessão*: a 20%, 10 tiros de 16 s a 10 km/h, com 42 s de intervalo e duração total de 7 min.
- *132ª sessão*: a 70%, 15 tiros de 31 s a 16 km/h, com 22 s de intervalo e duração total de 13 min.
- *133ª sessão*: a 50%, 12 tiros de 25 s a 14 km/h, com 30 s de intervalo e duração total de 11 min.
- *134ª sessão*: a 20%, 10 tiros de 16 s a 10 km/h, com 42 s de intervalo e duração total de 7 min.

Microciclo de recuperação (22%)

- *135ª sessão*: a 70%, 15 tiros de 31 s a 16 km/h, com 22 s de intervalo e duração total de 13 min.
- *136ª sessão*: a 50%, 12 tiros de 25 s a 14 km/h, com 30 s de intervalo e duração total de 11 min.
- *137ª sessão*: a 20%, 10 tiros de 16 s a 10 km/h, com 42 s de intervalo e duração total de 7 min.
- *138ª sessão*: a 70%, 15 tiros de 31 s a 16 km/h, com 22 s de intervalo e duração total de 13 min.
- *139ª sessão*: a 50%, 12 tiros de 25 s a 14 km/h, com 30 s de intervalo e duração total de 11 min.
- *140ª sessão*: a 20%, 10 tiros de 16 s a 10 km/h, com 42 s de intervalo e duração total de 7 min.

Microciclo ordinário (34%)

- *141ª sessão*: a 70%, 15 tiros de 31 s a 16 km/h, com 22 s de intervalo e duração total de 13 min.
- *142ª sessão*: a 70%, 15 tiros de 31 s a 16 km/h, com 22 s de intervalo e duração total de 13 min.
- *143ª sessão*: a 70%, 15 tiros de 31 s a 16 km/h, com 22 s de intervalo e duração total de 13 min.
- *144ª sessão*: a 60%, 13 tiros de 28 s a 15 km/h, com 26 s de intervalo e duração total de 12 min.
- *145ª sessão*: a 50%, 12 tiros de 25 s a 14 km/h, com 30 s de intervalo e duração total de 11 min.
- *146ª sessão*: a 40%, 10 tiros de 22 s a 12 km/h, com 32 s de intervalo e duração total de 10 min.
- *147ª sessão*: a 20%, 10 tiros de 16 s a 10 km/h, com 42 s de intervalo e duração total de 7 min.

Microciclo de recuperação (22%)

- *148ª sessão*: a 70%, 15 tiros de 31 s a 16 km/h, com 22 s de intervalo e duração total de 13 min.
- *149ª sessão*: a 50%, 12 tiros de 25 s a 14 km/h, com 30 s de intervalo e duração total de 11 min.
- *150ª sessão*: a 20%, 10 tiros de 16 s a 10 km/h, com 42 s de intervalo e duração total de 7 min.
- *151ª sessão*: a 70%, 15 tiros de 31 s a 16 km/h, com 22 s de intervalo e duração total de 13 min.
- *152ª sessão*: a 50%, 12 tiros de 25 s a 14 km/h, com 30 s de intervalo e duração total de 11 min.
- *153ª sessão*: a 20%, 10 tiros de 16 s a 10 km/h, com 42 s de intervalo e duração total de 7 min.

*****

Para elaborar a periodização clássica para HIRT e para HIIE, a estruturação é igual, deve-se apenas trocar algumas variáveis; por exemplo, no HIRT e no HIIE, utilizam-se valores em relação às séries (duração, número e intervalo) em vez de valores referentes aos tiros (número, duração, velocidade e intervalo).

Demonstra-se, a seguir, como elaborar uma periodização em bloco utilizando o HIRT.

Periodização com cargas concentradas no HIRT

Periodização com cargas concentradas

Esse modelo de periodização caracteriza-se pela utilização de volume concentrado de cargas, quebrando a homeostase, manifestando o fenômeno efeito posterior duradouro de treinamento (EPDT), promovendo o aumento posterior dos marcadores funcionais (Oliveira, 2008). A adaptação às cargas concentradas deve ser analisada e estruturada com muito cuidado, principalmente a intensidade, o tempo e seus efeitos negativos (Verkhoshansky, 1990). O modelo, também chamado de *grande ciclo de adaptação (GCA)* (Verkhoshansky, 2001), é dividido em três blocos (etapas), que, em sua sucessão, são reunidos em determinada lógica.

Gráfico 7.15 – Periodização de cargas concentradas

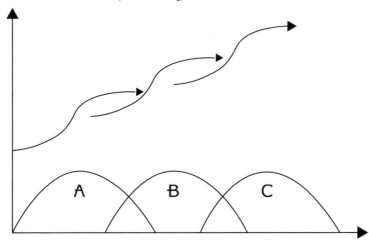

Fonte: adaptado de de la Rosa e Farto (2007).

A periodização de cargas concentradas caracteriza-se por três blocos, cada um com a sua dominância fisiológica: a A trata das adaptações morfofuncionais; a B, da velocidade, da potência e de outros objetivos; a C, de polimentos, de *shape* e de definição.

Bloco A (etapa de base): ativação dos mecanismos do processo de adaptação morfofuncional do organismo. Seu objetivo é aumentar o potencial motor do cliente, a fim de formar uma base para o objetivo principal. O bloco A é subdividido em:

- *A1*: volumes crescentes.
- *A2*: cargas de força elevando o volume.
- *A3*: redução de volume e intensidade máxima.

Bloco B (etapa especial): é dirigido ao desenvolvimento da potência do desempenho motor específico (HIIE, SIT, HIRT) do cliente. Seu principal objetivo é a assimilação da capacidade de utilizar o crescimento do potencial motor em condições de intensidade crescente de execução dos exercícios específicos e uma preparação técnica e de velocidade e de potência para uso no HIRT.

Bloco C (etapa específica de desenho muscular – "shape"): prevê a conclusão do ciclo de adaptação e a evolução do organismo ao máximo nível de potência de trabalho no regime motor específico. Seu principal objetivo é a assimilação da capacidade de realizar, com máxima eficácia, o potencial motor em condições próprias de competição. É uma atividade de competição (Verkhoshansky e Oliveira, 1995).

Ao observar o Gráfico 7.15, percebe-se que existem intersecções entre os blocos. Elas são utilizadas como fases de transição de um bloco para o outro e devem ter duração entre 1 e 2 semanas, dependendo do tempo disponível e da quantidade de treinos na semana.

Nota-se, também, na parte superior do Gráfico 7.15, a evolução do treinamento, referente às bases de supercompensação e ao EPDT.

Para se atingir o EPDT, deve-se ter condições básicas, como um ciclo de cargas de força com um volume grande em determinado tempo, suficiente para a alteração no organismo do cliente. Quanto maiores os níveis de redução (entre limites), maior o aumento do EPDT.

O trabalho de força deve ter aspectos de desenvolvimento geral, usando um volume moderado, com intensidade crescente. A duração do EPDT é determinada pelo volume e pela duração das cargas concentradas, tendo duração de uma etapa (Oliveira, 2007).

O uso e a adaptação das cargas concentradas para o trabalho de HIRT devem ser feitos por pessoas que já praticam atividades física intensas há um longo tempo. Como os objetivos do HIRT são relativamente diferentes das atividades esportivas, sugere-se que as concentrações de cargas ocorram da maneira descrita a seguir.

Bloco A (etapa de base)

Deve ser dedicada a uma adaptação do organismo para o trabalho de cargas muito elevadas, com o objetivo de aumentar o recrutamento de unidades motoras, as coordenações intramuscular e intermuscular, e a preparação articular, para que a estrutura morfofuncional suporte cargas mais elevadas, aumentando a força máxima.

A1 - Volumes crescentes

O cliente deve utilizar cargas elevadas e realizar poucas repetições, até que ocorra uma adaptação à sobrecarga utilizada. O tempo de realização de movimento e o número de repetições devem cair gradativamente, e o tempo de recuperação deve aumentar. Protocolos, como 20 × 30, 20 × 40 e 15 × 40, para um total de 4 a 5 séries, devem ser utilizados para adaptação das cargas elevadas. No HIIE, devem ser escolhidos exercícios de um nível de dificuldade maior, como *burpee*, *tuck jump*, entre outros. No SIT, planos inclinados em esteira e em pistas podem ser uma opção.

A duração do bloco A1 varia de cliente para cliente, mas não deve exceder três semanas, para não afetar as fases seguintes de treinamento.

Tabela 7.4 – Exemplo de treinamento do bloco A1

Exercícios	Séries	Duração da séries (s)	Intervalo entre as séries (s)
Supino	6	15	40
Supino inclinado	6	15	40
Crucifixo	6	15	40
Peck deck	6	15	40
Agachamento	6	15	40
Levantamento terra	6	15	40
Cadeira extensora	6	15	40

A2 - Cargas de força elevando o volume

Nessa fase, o uso de cargas no HIRT, aliado a uma redução no tempo de execução e a um aumento no período de intervalo, permite um maior estresse metabólico. No caso do HIIE, deve-se continuar utilizando exercícios com alto nível de dificuldade, por exemplo, o crucifixo isométrico, e, no SIT, devem ser usados planos inclinados em esteiras e em pistas; cargas no cicloergômetro; e palmar na piscina. Os intervalos devem ser realizados nos esquemas 15 × 50 e 10 × 50, e o número de séries deve ser elevado para 6 a 8 por exercício.

As cargas concentradas em A2 devem levar a uma perda de rendimento do cliente, ocasionando algumas respostas negativas no treinamento, como a perda da qualidade de movimentos durante a execução, a não manutenção das cargas utilizadas na fase anterior, o estresse muscular muito grande etc. Se não ocorrer nenhum desses efeitos negativos na fase A2, as cargas não foram ideais e não permitiram o catabolismo nescessário para se buscar uma supercompensação e, com isso, o cliente não consegue o EPDT. Se um desses efeitos for nítido, significa que as cargas se concentraram, levando a uma perda de rendimento; nesse momento, deve-se mudar o treinamento imediatamente para a próxima fase. A duração deve ser de, no máximo, 2 a 3 semanas, conforme a frequência semanal.

Tabela 7.5 – Exemplo de treinamento do bloco A2

Exercícios	Séries	Duração das séries (s)	Intervalo entre as séries (s)
Rosca Scott	7	10	50
Rosca na polia dupla	7	10	50
Rosca no banco de supino	7	10	50
Tríceps com corda	7	10	50
Tríceps paralelo	7	10	50
Tríceps coice	7	10	50

A3 – Redução de volume e máxima intensidade

Nessa fase, começa-se a reduzir o número de séries, há aumento na intensidade dos exercícios ao longo do tempo de execução e redução dos intervalos entre as séries. É possível, também, alterar o tempo de duração das séries (por exemplo: primeira série, 10 s; segunda série, 15 s; terceira série, 20 s) ou dos intervalos (por exemplo: primeira série, 40 s; segunda série, 45 s; terceira série, 50 s).

A redução de volume ocorre com a diminuição no número de séries, para que comece a recuperação das fases anteriores, buscando, assim, níveis mais altos no treinamento no bloco B. Essa fase não deve demorar mais de três semanas, podendo, também, variar de acordo com a frequência de treinamento semanal.

Tabela 7.6 – Exemplo de treinamento do bloco A3

Exercícios	Séries	Duração das séries (s)	Intervalo entre as séries (s)
Remada sentada convergente	4 a 5	20	40
Remada cavalinho	4 a 5	20	40
Puxada fechada	4 a 5	20	40
Agachamento	4 a 5	20	40
Mesa flexora	4 a 5	20	40
Stiff	4 a 5	20	40

Bloco B (etapa especial)

Os principais objetivos desse bloco são o aproveitamento e a transferência de força adquirida no bloco A, para que se potencialize o resultado final desejado (hipertrofia, resistência etc.), realizando um trabalho específico para o alcance do objetivo, com cargas mais elevadas e intervalos de ações mais prolongados, atuando, assim, diretamente na intensidade do HIRT, do HIIE e/ou do SIT. Os métodos devem seguir uma evolução metodológica, sempre com aumento da intensidade, para que não se mantenha um período de adaptação muito prolongado. Os treinos devem ser mantidos até o princípio de platôs no treinamento e ter duração média de oito semanas (tempo suficiente para atingir o EPDT).

Tabela 7.7 – Exemplo 1 de treinamento do bloco B

Exercícios	Séries	Duração das séries (s)	Intervalo entre as séries (s)
Elevação lateral	3 a 4	20	40
Elevação frontal	3 a 4	20	40
Remada alta	3 a 4	20	40
Supino	3 a 4	20	40
Supino declinado convergente	3 a 4	20	40
Fly inclinado	3 a 4	20	40

Tabela 7.8 – Exemplo 2 de treinamento do bloco B

Exercícios	Séries	Duração das séries (s)	Intervalo entre as séries (s)
Tríceps paralelo	3 a 4	20	30
Tríceps unilateral inverso	3 a 4	20	30
Tríceps francês	3 a 4	20	30
Rosca direta	3 a 4	20	30
Rosca concentrada	3 a 4	20	30
Rosca Scott	3 a 4	20	30

Tabela 7.9 – Exemplo 3 de treinamento do bloco B

Exercícios	Séries	Duração das séries (s)	Intervalo entre as séries (s)
Supino	3 a 4	20	20
Supino declinado	3 a 4	20	20
Pull down	3 a 4	20	20
Crossover	3 a 4	20	20
Puxada aberta pela frente	3 a 4	20	20
Remada sentada com pegada aberta	3 a 4	20	20

Três exemplos foram fornecidos para aumentar a intensidade do treinamento do bloco B. As alterações devem ocorrer assim que for percebida a adaptação (facilidade) à série. O bloco B utilizou a força adquirida no bloco A. Nos treinos de HIIE e SIT, devem-se escolher exercícios com um nível de dificuldade mais alto e utilizar sobrecargas na bicicleta e em planos inclinados de corrida. Essa fase deve durar entre 8 e 12 semanas, a depender da frequência semanal e do desempenho do cliente.

Bloco C (etapa específica de desenho muscular – "shape")

O objetivo desse bloco é unir a resistência e a força adquirida nos blocos anteriores e, então, realizar um trabalho que reúna a resistência de força e de velocidade mais a potência, alterando ainda mais o treinamento, obrigando que o organismo realize novas adaptações fisiológicas.

Métodos que devem ser utilizados inicialmente são: Tabata, Helgerud, Trapp, Dunn, Burke (Bossi, 2016), *superset*, Tabata, uni-bilateral, repetição regressiva alternada (RRA), *tri-set*, completo parcial e isométrico, entre outros citados anteriormente, acrescentando trabalhos pliométricos ao treino de HIRT, como agachamento com salto, supino pliométrico, desenvolvimento convergente pliométrico, tríceps paralelo pliométrico, entre outros exemplos que podem ser encontrados na obra *Treinamento funcional na musculação* (Bossi, 2013). As cargas devem ser utilizadas para o número máximo de repetições de cada método e devem estimular todos os tipos de fibras musculares, sobretudo as de calibres mais finos e mais superficiais, para atingir a definição, ou *shape*.

Essa fase deve durar o tempo determinado pelo professional de Educação Física, não mais do que 12 a 15 semanas, para não descaracterizar as fibras musculares. A seguir, exemplos de treinos utilizando método único e métodos mistos.

Tabela 7.10 – Método único

Exercícios	Séries	Duração das séries (s)	Intervalo entre as séries (s)	Método
Remada sentada	7 a 8	20	10	Tabata
Supino inclinado	7 a 8	20	10	Tabata
Agachamento com salto	7 a 8	20	10	Tabata
Elevação lateral	7 a 8	20	10	Tabata
Rosca com halteres	7 a 8	20	10	Tabata
Prancha abdominal	7 a 8	20	10	Tabata
Tríceps com coice bilateral	7 a 8	20	10	Tabata

Tabela 7.11 – Métodos mistos

Exercícios	Séries	Duração das séries (s)	Intervalo entre as séries (s)	Método
Cadeira extensora	15	15	15	Helgerud
Peck deck	7 a 8	20	10	Tabata
Puxada atrás	6	30	30	Burke
Salto laterais	60	8	12	Trapp
Mesa flexora	15	15	15	Helgerud
Rosca direta / Tríceps na polia	10	20	20	German Volume Training (GVT)

Tanto o modelo que utiliza um método único quanto o que usa métodos mistos no mesmo treinamento podem, e devem, ser empregados no SIT e no HIIE, analisando os melhores métodos, combinando com o nível de dificuldade de exercícios e cargas, velocidades e planos de inclinação, para atingir intensidades máximas.

Sinos de Forteza

O terceiro modelo de periodização a se demonstrar será os sinos de Forteza, um modelo cubano de estruturação. Da perspectiva de montagem do HIIE, os modelos serão exemplificados com exercícios de calistenia (exercícios físicos, que buscam, na maioria das vezes, movimentos sem o auxílio de aparelhos específicos, com uso apenas do próprio peso corporal, para melhorar potência, resistência, força e velocidade de movimentos).

Os sinos estruturais seguem o princípio de diferenciação entre as cargas gerais e específicas, o qual determina as direções condicionantes do rendimento (DCR) e as direções determinantes do rendimento (DDR).

Durante o macrociclo, as cargas de DDR serão iguais ou maiores que as de DCR. A principal ação é identificar os objetivos e se estes têm características condicionantes e determinantes para a melhora do rendimento. Assim, se o objetivo for o HIIT, os exercícios de calistenia devem ser feitos com vistas à potência, à velocidade e à força, qualidades determinantes ao treino, e o trabalho de força será condicionante (de la Rosa, 1999, 2001).

Ao longo de uma temporada de treinamento, é possível estruturar vários sinos, podendo utilizar alguns deles em um macrociclo. As direções do treinamento constituem, em definitivo, os conteúdos condicionantes e determinantes de preparação, e são planejadas em toda a macroestrutura do treinamento (de la Rosa, 2001). Desse modo, em uma periodização que priorize um trabalho de força e de potência, o primeiro passo é identificar as DCR e as DDR no HIIT, conforme o modelo que será demonstrado a seguir. Vale lembrar que nos cálculos de tempo aqui apresentados foram feitas aproximações numéricas, para uma aplicação facilitada.

DCR

- Flexibilidade.
- Velocidade de reação.
- Força máxima.

As três direções de DCR permitem um melhor desempenho na busca do HIIE.

DDR

- Resistência de força rápida.
- Calistenia.
- Força pliométrica.

Já as três direções de DDR determinam um melhor desempenho na busca de exercícios intermitentes de alta intensidade.

Vale lembrar que esse exemplo é aplicado ao HIIE; caso ele seja utilizado para o SIT ou para o HIRT, é preciso analisar outras DCRs e DDRs.

Após identificar as direções, é preciso elaborar as cargas de treinamento, a fim de identificar as condições do treino que será realizado. Como os treinos serão intensos, é necessária uma redução no tempo de treino.

40 min por dia, 4 vezes por semana

- 2h40min por semana.
- 10h40min por mês.
- 42h40min em 4 meses de treino.

É necessário transformar essas horas em minutos. Para isso, basta multiplicar o valor em horas por 60 (e adicionar os minutos restantes, se for o caso).

- 2h40min = 160 min.
- 10h40min = 640 min.
- 42h40min = 2.560 min.

Feito isso, é necessário distribuir os valores das direções em cada mesociclo, bem como o número de microciclos em cada mesociclo, delineando, assim, os sinos para um cliente que já tem adaptação ao treinamento HIIT. No exemplo a seguir, será utilizado o HIIE, mas se pode, e deve, usá-lo para o SIT e o HIRT, tal qual os exemplos anteriores. Dá-se os valores das direções em cada mesociclo, bem como o número de microciclos em cada mesociclo, delineando, assim, os sinos:

Primeiro mesociclo

- 3 microciclos = 480 min.
- A 60% da DDR = 288 min.
- A 40% da DCR = 192 min.

Segundo mesociclo

- 5 microciclos = 800 min.
- A 70% da DDR = 560 min.
- A 30% da DCR = 240 min.

Terceiro mesociclo

- 5 microciclos = 800 min.
- A 80% da DDR = 640 min.
- A 20% da DCR = 160 min.

Quarto mesociclo

- 3 microciclos = 480 min.
- A 85% da DDR = 408 min.
- A 15% da DCR = 72 min.

Gráfico 7.16 – Periodização em sinos

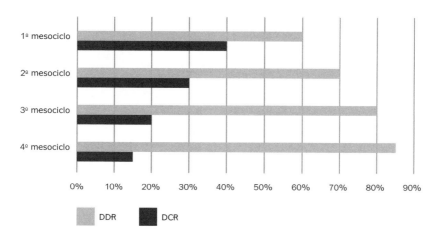

Fonte: adaptado de Bossi (2014).

Ações condicionantes

Delineados os sinos, deve-se determinar o valor das ações em cada mesociclo. Nesse processo, as ações condicionantes serão: velocidade de reação, força máxima e flexibilidade.

Primeiro mesociclo (40% – total de 192 min)

- 20% de flexibilidade: 38 min.
- 20% de velocidade de reação: 38 min.
- 60% de força máxima: 116 min.

Segundo mesociclo (30% – total de 240 min)

- 20% de flexibilidade: 48 min.
- 20% de velocidade de reação: 48 min.
- 60% de força máxima: 144 min.

Terceiro mesociclo (20% – total de 160 min)

- 20% de flexibilidade: 32 min.
- 20% de velocidade de reação: 32 min.
- 60% de força máxima: 96 min.

Quarto mesociclo (15% – total de 72 min)

- 20% de flexibilidade: 14 min.
- 20% de velocidade de reação: 14 min.
- 60% de força máxima: 44 min.

Ações determinantes

Delineados os sinos, deve-se determinar o valor das ações em cada mesociclo. Nesse processo, as ações determinantes serão: resistência de força, calistenia e força pliométrica, que devem começar com trabalhos de adaptação, sofrendo alterações nos valores ao decorrer do mesociclo, como se pode observar a seguir.

Primeiro mesociclo (60% – total de 288 min)

- 10% de resistência de força rápida: 29 min.
- 60% de calistenia: 173 min.
- 30% de força pliométrica: 86 min.

Segundo mesociclo (70% – total de 560 min)

- 10% de resistência de força rápida: 56 min.
- 60% de calistenia: 336 min.
- 30% de força pliométrica: 168 min.

Terceiro mesociclo (80% – total de 640 min)

- 10% de resistência de força rápida: 64 min.
- 60% de calistenia: 384 min.
- 30% de força pliométrica: 192 min.

Quarto mesociclo: (85% – total de 408 min)

- 10% de resistência de força rápida: 40 min.
- 60% de calistenia: 245 min.
- 30% de força pliométrica: 123 min.

Exemplos de estruturação no terceiro mesociclo

A seguir, demonstram-se dois exemplos de estruturação no terceiro mesociclo.

No primeiro exemplo, utilizando todas as direções por treino, se todas as direções fossem realizadas quatro vezes por semana, os treinos poderiam ficar assim:

- 3 min de velocidade de reação (protocolo 20 × 20, escada de coordenação).
- 7 min de força máxima (protocolo 20 × 40, levantamento terra), com resistência de força rápida.
- 20 min calistenia: quinto protocolo de Tabata, *jumping jack, russian twist, tuck jump, supine incline straight leg and hip raise, incline push-up*. É importante saber qualificar os exercícios, para que seja possível a realização da série. Nesse exemplo, dois exercícios devem ser feitos em pé e três, deitado, um com nível alto de dificuldade, o *tuck jump*. Os exercícios no plano horizontal facilitam o retorno venoso e a recuperação.
- 4 min de força pliométrica (protocolo de Helgerud 15 × 15, *jump* 180°).
- 6 min de flexibilidade: exercícios gerais.

Já no segundo exemplo, as direções são intercaladas durante a semana. Os treinos podem ser organizados da forma a seguir.

1º dia (40 min)

- 10 min de força máxima (protocolo 20 × 50, supino e remada sentado, 4 séries cada). Restarão 102 min de tempo de força máxima para o primeiro mesociclo.
- 26 min de calistenia (protocolo de 20 × 20, 5 séries consecutivas com 1 min de intervalo entre um exercício e outro, agachamento com saltos depois abdominais isométricos, *mountain climber, jumping star, dip* de joelhos estendidos, *abs crunch*). Restarão 147 min de treinamento de calistenia para o primeiro mesociclo.
- 4 min de flexibilidade e volta à calma. Restarão 34 min de treinamento de flexibilidade para o primeiro mesociclo.

2º dia (40 min)

- 5 min de resistência de força rápida (protocolo de Trapp na bicicleta). Restarão 24 min de treinamento de resistência de força rápida para o primeiro mesociclo.
- 12 min de pliometria (salto em profundidade, 20 × 30, 15 séries). Restarão 74 min de treinamento de pliometria para o mesociclo.
- 4 min de velocidade de reação (protocolo de Tabata, exercício *high knees*). Restarão 34 min de treinamento de velocidade de reação para o primeiro mesociclo.
- 15 min de pliometria (protocolo de German Volume Training – GVT – com *tuck jump* e *reverse crunch*, com 4 min de intervalo de recuperação). Restarão 59 min de treinamento pliométrico para o primeiro mesociclo.
- 4 min de flexibilidade. Restarão 30 min de treinamento de flexibilidade para o primeiro mesociclo.

3º dia (40 min)

- 9 min de velocidade de reação (2 protocolos *superset* Tabata, movimentações frontais e laterais na escada de coordenação, com 1 min de intervalo entre cada protocolo). Restarão 26 min de treinamento de velocidade de reação para o primeiro mesociclo.
- 10 min de força máxima (20 × 50, 9 séries de levantamento de peso olímpico). Restarão 90 min de treinamento de força máxima para o primeiro mesociclo.
- 15 min de calistenia (protocolo 20 × 20, 5 séries de *plyometric full push-up*, barra, *burpee*, abdominais oblíquos). Restarão 132 min de treinamento de calistenia para o primeiro mesociclo.
- 6 min de flexibilidade. Restarão 24 min de treinamento de flexibilidade para o primeiro mesociclo.

4º dia (40 min)

- 5 min de resistência de força rápida (*skips*, protocolo 30 × 30, 5 séries). Restarão 19 min de treinamento de resistência de força rápida para o primeiro mesociclo.
- 25 min de calistenia (protocolo 20 × 30, *squat, push-up, burpee, plank, lunge,* 6 séries). Restarão 112 min de treinamento de calistenia para o primeiro mesociclo.
- 5 min de pliometria (protocolo 20 × 40, *alternating step-up jumps*). Restarão 54 min de treinamento de pliometria para o primeiro mesociclo.
- 5 min de flexibilidade. Restarão 24 min de treinamento de flexibilidade para o primeiro mesociclo.

Elaboração da estrutura de sinos de Forteza para o HIIT

Para a elaboração da estrutura de sinos de Forteza para o HIIT, deve-se analisar o volume de treinamento, para controlar a intensidade. Esse volume deverá ser comparado tanto às condições dos mesociclos quanto aos fatores de tempo e à posição do conteúdo do HIIT (cargas de treinamento, direções determinantes e condicionantes).

O tempo dos mesociclos se refere basicamente à quantidade de microestrutura. Segundo a teoria tradicional, pode ser um número que oscila entre 2 (mínimo) e 6 ou 7 (máximo) microciclos.

De la Rosa (2004) demonstra a proporcionalidade que deve existir entre o tempo e a relação de cargas (conteúdo de preparação). Essa proporcionalidade deve ser considerada na relação que se estabelece entre os tipos de preparação: determinantes e condicionantes.

A fórmula que expressa o índice de intensidade do mesociclo é simples: deve-se subtrair a porcentagem de DDR da porcentagem de DCR no mesociclo e dividir o valor obtido pelo número de microciclos:

Índice de intensidade do mesociclo = DDR − DCR / número de microciclos

Para analisar os mesociclos propostos (destacando-se que o primeiro mesociclo é apenas para uma adaptação do cliente e para o ajuste de cargas), pode-se realizar o cálculo do segundo mesociclo.

Analisando-se o primeiro mesociclo, tem-se:

$$60\% \text{ (DDR)} - 40\% \text{ (DCR)} / 3 \text{ microciclos} =$$
$$60 - 40 / 3 =$$
$$6,6$$

Analisando-se o segundo mesociclo, tem-se:

$$70\% \text{ (DDR)} - 30\% \text{ (DCR)} / 4 \text{ microciclos} =$$
$$70 - 30 / 4 =$$
$$10$$

Analisando-se o terceiro mesociclo, tem-se:

$$80\% \text{ (DDR)} - 20\% \text{ (DCR)} / 5 \text{ microciclos} =$$
$$80 - 20 / 5 =$$
$$12$$

Analisando-se o quarto mesociclo, tem-se:

$$85\% \text{ (DDR)} - 15\% \text{ (DCR)} / 3 \text{ microciclos} =$$
$$85 - 15 / 3 =$$
$$23,3$$

Índice

Os macrociclos elaborados como exemplo para o HIIT apresentam 4 mesociclos e entre 15 e 16 microciclos, com suas respectivas preparações determinantes e condicionantes (de la Rosa, 2004).

Gráfico 7.17 – Índice de intensidade: periodização em sinos

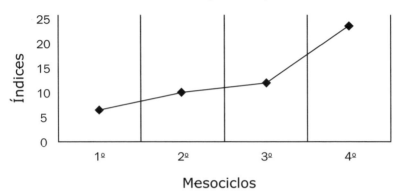

Fonte: adaptado de Bossi (2014).

À medida que o treinamento avança pelo macrociclo, o índice de intensidade do mesociclo deve aumentar. Os exercícios ficam sob a responsabilidade do profissional de Educação Física. O exemplo dado pode ser usado para nortear a estrutura dos sinos, e ressalta-se que a individualidade biológica de cada indivíduo deve ser respeitada. Os exercícios de flexibilidade, calistenia, velocidade de reação, força máxima são utilizados como exemplos.

*****

A periodização apresentada objetiva apresentar exercícios de calistenia HIIE, buscando o aprimoramento do conteúdo de resistência de força rápida e de força pliométrica. É importante saber combinar os treinamentos de DDR e DCR, para que não ocorra o treinamento concorrente e a prevalência de treinos que poderão atrapalhar os resultados finais. Monteiro (2009) faz uma análise das capacidades que podem ser prejudiciais nas combinações a seguir:

- Força máxima + resistência (aeróbia ou anaeróbia): prejudica a força máxima.
- Hipertrófica + resistência (aeróbia ou anaeróbia): prejudica a hipertrofia.

- Força explosiva + resistência (aeróbia ou anaeróbia): prejudica a força explosiva.
- Velocidade + resistência (aeróbia ou anaeróbia): prejudica a velocidade.
- Força máxima + velocidade: não há prejuízo.
- Força máxima + resistência (aeróbia ou anaeróbia): prejudica a força máxima.
- Força máxima + hipertrofia: se o objetivo for força máxima, esta será prejudicada.
- Força máxima + força explosiva: não há prejuízo.
- Hipertrofia + força explosiva: se o objetivo for força explosiva, esta será prejudicada.
- Hipertrofia + velocidade: se o objetivo for velocidade, esta será prejudicada.

Faz-se algumas considerações, como a necessidade de reduzir o volume, e não a intensidade do treino na quarta semana, já que a recuperação ajuda na melhora da *performance*, podendo-se obter um ganho de 29% na força (Kell e Asmundson, 2009). Saber combinar o volume de treino em séries também é de suma importância, pois um grande volume possibilita maior ganho de força. Robbins, Marshall e McEwen (2012) mostraram que a realização de 8 séries de agachamento aumentou a força de alguns indivíduos em 20%, ao passo que aqueles que realizaram apenas 4 séries aumentaram sua força em 14%.

Como foi mencionado, para a periodização de SIT e de HIRT, devem ser revistas as DDR e DCR, pois o exemplo foi direcionado para o HIIE. Vale lembrar que a ordem dos exercícios, a escolha dos métodos, as análises dos clientes e a parte motivacional são importantes nos três modelos de periodização citados.

Usem a criatividade e unam sempre a teoria e a prática, pois somente assim o HIIT e o *cross training* atingirão os resultados, no HIRT, no SIT, no HIIE ou em uma combinação entre eles.

Bons treinos. Estamos juntos!

REFERÊNCIAS

AMERICAN COLLEGE OF SPORTS MEDICINE (ACSM). *ACSM's guidelines for exercise testing and prescription*. Philadelphia, PA: Lippincott Williams & Wilkins, 2006.

ASTORINO, T. A.; THUM, J. S. Interval training elicits higher enjoyment versus moderate exercise in persons with spinal cord injury. *J. Spinal Cord Med.*, v. 41, n. 1, p. 77-84, 2018a.

_____. Within-session responses to high-intensity interval training in spinal cord injury. *Disabil. Rehabil.*, v. 40, n. 4, p. 444-9, 2018b.

ATHA, J. Strengthening muscle. *Exerc. Sport Sci.*, v. 9, p. 1-73, 1981.

AUGUSTSSON, J. et al. Effect of pre-exhaustion exercise on lower-extremity muscle activation during a leg press exercise. *J. Strength Cond. Res.*, v. 17, n. 2, p. 411-6, 2003.

BADILLO, J. J. G.; AYESTARÁN, E. G. *Fundamentos do treinamento de força*: aplicação ao alto rendimento desportivo. 2. ed. Porto Alegre: Artmed, 2001.

BAECHLE, T. R.; EARLE, R. W. *Essentials of strength training and conditioning*. 2. ed. Champaign, IL: Human Kinetics, 2000.

BARBOSA, F. P. et al. Estudo comparativo de equações de estimativa da freqüência cardíaca máxima. *Fit. Perf. J.*, v. 3, n. 2, p. 108-14, 2004.

BARRY, J. C. et al. Short-term exercise training alters leukocyte chemokine receptors in obese adults. *Med. Sci. Sports Exerc.*, v. 49, n. 8, p. 1631-40, 2017.

BATACAN JR., R. B. et al. Effects of high-intensity interval training on cardiometabolic health: a systematic review and meta-analysis of intervention studies. *Br. J. Sports Med.*, v. 51, n. 6, p. 494-503, 2017.

BLÜHER, S. et al. Cardiometabolic risk markers, adipocyte fatty acid binding protein (aFABP) and the impact of high-intensity interval training (HIIT) in obese adolescents. *Metabolism*, v. 68, p. 77-87, 2017.

BOMPA, T. *Periodização*: teoria e metodologia do treinamento. São Paulo: Phorte, 2001.

BOMPA, T.; CORNACCHIA, L. J. *Treinamento de força consciente*. São Paulo: Phorte, 2000.

BOSSI, L. C. *HIIT*: fitness & wellness. São Paulo: Phorte, 2016.

_____. *Musculação para o voleibol*. São Paulo: Phorte, 2007.

_____. *Periodização na musculação*. 3. ed. São Paulo: Phorte, 2015.

_____. *Treinamento funcional na musculação*. 2. ed. São Paulo: Phorte, 2013.

_____. *Treinamento funcional para mulheres*. São Paulo: Phorte, 2014.

BUCHHEIT, M. Monitoring training status with HR measures: do all roads lead to Rome? *Front. Physiol.*, v. 5, p. 73, 2014.

BUCHHEIT, M.; LAURSEN, P. B. High-intensity interval training, solutions to the programming puzzle. Part I: cardiopulmonary emphasis. *Sports Med.*, v. 43, n. 5, p. 313-38, 2013a.

_____. High-intensity interval training, solutions to the programming puzzle. Part II: anaerobic energy, neuromuscular load and practical applications. *Sports Med.*, v. 43, n. 10, p. 927-54, 2013b.

CAMARDA, S. R. A. et al. Comparação da freqüência cardíaca máxima medida com as fórmulas de predição propostas por Karvonen e Tanaka. *Arq. Bras. Cardiol.*, v. 91, n. 5, p. 311-4, 2008.

CARDOZO, G. G.; OLIVEIRA, R. B.; FARINATTI, P. T. Effects of high intensity interval versus moderate continuous training on markers of ventilatory and cardiac efficiency in coronary heart disease patients. *ScientificWorldJournal*, v. 2015, p. 192479, 2015.

CURRIE, K. D. et al. Heart rate recovery and heart rate variability are unchanged in patients with coronary artery disease following 12 weeks of high-intensity interval and moderate-intensity endurance exercise training. *Appl. Physiol. Nutr. Metab.*, v. 38, n. 6, p. 644-50, 2013.

DANTAS, E. H. M. *A prática da preparação física*. 4. ed. Rio de Janeiro: Shape, 1998.

DANZER, H. Calories burned during HIIT exercise vs moderate exercise. 2016. Disponível em: <http://lib.dr.iastate.edu/cgi/viewcontent.cgi?article=1040&context=honors_posters>. Acesso em: 11 abr. 2017.

DE LA ROSA, A. F. *Direcciones del entrenamiento deportivo*: metodología de la preparación del deportista. Havana: Científico-Técnico, 1999.

_____. *Entrenamiento deportivo, ciencia e innovación tecnológica*. Havana: Científico-Técnico, 2000.

_____. *Treinamento desportivo*: carga, estrutura e planejamento. São Paulo: Phorte, 2001.

_____. *Treinar para ganhar*. São Paulo: Phorte, 2004.

DE LA ROSA, A. F.; FARTO, E. R. *Treinamento desportivo*: do ortodoxo ao contemporâneo. São Paulo: Phorte, 2007.

DEVLIN, M. J.; YANOVSKI, S. Z.; WILSON, G. T. Obesity: what mental health professionals need to know. *Am. J. Psychiatry*, v. 157, n. 6, p. 854-66, 2000.

DUNCAN, R. E. et al. Regulation of lipolysis in adipocytes. *Annu. Rev. Nutr.*, v. 27, p. 79-101, 2007.

ESKELINEN, J. J. et al. Left ventricular vascular and metabolic adaptations to high-intensity interval and moderate intensity continuous training: a randomized trial in healthy middle-aged men. *J. Physiol.*, v. 594, n. 23, p. 7127-40, 2016.

FALCONE, P. H. et al. Caloric expenditure of aerobic, resistance, or combined high-intensity interval training using a hydraulic resistance system in healthy men. *J. Strength Cond. Res.*, v. 29, n. 3, p. 779-85, 2015.

FLECK, S. J.; KRAEMER, W. J. *Fundamentos do treinamento de força muscular*. 4. ed. Porto Alegre: Artmed, 2017.

FLETCHER, G. F. et al. Exercise standards for testing and training: a statement for healthcare professionals from the American Heart Association. *Circulation*, v. 104, n. 14, p. 1694-740, 2001.

FORTNER, H. A et al. Cardiovascular and metabolic demands of the kettlebell swing using Tabata interval versus a traditional resistance protocol. *Int. J. Exerc. Sci.*, v. 7, n. 3, p. 179-85, 2014.

FOX III, S. M.; NAUGHTON, J. P.; HASKELL, W. L. Physical activity and the prevention of coronary heart disease. *Ann. Clin. Res.*, v. 3, n. 6, p. 404-32, 1971.

GARBER, C. E. et al. American College of Sports Medicine position stand. Quantity and quality of exercise for developing and maintaining cardiorespiratory, musculoskeletal, and neuromotor fitness in apparently healthy adults: guidance for prescribing exercise. *Med. Sci. Sports Exerc.*, v. 43, n. 7, p. 1334-59, 2011.

GARCÍA-PINILLOS, F.; SOTO-HERMOSO, V. M.; LATORRE-ROMÁN, P. Á. Do running kinematic characteristics change over a typical HIIT for endurance runners? *J. Strength Cond. Res.*, v. 30, n. 10, p. 2907-17, 2016.

GIBALA, M. J. Using exercise training to understand control of skeletal muscle metabolism. *Appl. Physiol. Nutr. Metab.*, v. 42, n. 1, p. 108-10, 2017.

GIBALA, M. J.; GILLEN, J. B.; PERCIVAL, M. E. Physiological and health-related adaptations to low-volume interval training: influences of nutrition and sex. *Sports Med.*, v. 44, p. 127-37, 2014. Supplement 2.

GIBALA, M. J.; JONES, A. M. Physiological and performance adaptations to high--intensity interval training. *Nestle Nutr. Inst. Workshop Ser.*, v. 76, p. 51-60, 2013.

GILLEN, J. B. et al. Twelve weeks of sprint interval training improves indices of cardiometabolic health similar to traditional endurance training despite a five-fold lower exercise volume and time commitment. *PLoS One*, v. 11, n. 4, p. e0154075, 2016.

GIST, N. H.; FREESE, E. C.; CURETON, K. J. Comparison of responses to two high-intensity intermittent exercise protocols. *J. Strength Cond. Res.*, v. 28, n. 11, p. 3033-40, 2014.

GIST, N. H. et al. Effects of low-volume, high-intensity whole-body calisthenics on Army ROTC cadets. *Mil. Med.*, v. 180, n. 5, p. 492-8, 2015.

_____. Sprint interval training effects on aerobic capacity: a systematic review and meta-analysis. *Sports Med.*, v. 44, n. 2, p. 269-79, 2014.

GOMES, A. C. *Treinamento desportivo*: estruturação e periodização. Porto Alegre: Artmed, 2002.

GOMES, A. C.; ARAÚJO FILHO, N. P. A. *Cross training*: uma abordagem metódologica. Londrina: Apef, 1992.

GUEDES JR., D. *Personal training na musculação*. Rio de Janeiro: Ney Pereira, 1997.

GUIRAUD, T. et al. A single bout of high-intensity interval exercise does not increase endothelial or platelet microparticles in stable, physically fit men with coronary heart disease. *Can. J. Cardiol.*, v. 29, n. 10, p. 1285-91, 2013.

_____. Acute responses to high-intensity intermittent exercise in CHD patients. *Med. Sci. Sports Exerc.*, v. 43, n. 2, p. 211-7, 2011.

GUYTON, A. C.; HALL, J. E. *Tratado de fisiologia médica*. São Paulo: Elsevier, 2001.

HOOD, M. S. et al. Low-volume interval training improves muscle oxidative capacity in sedentary adults. *Med. Sci. Sports Exerc.*, v. 43, n. 10, p. 1849-56, 2011.

HOLZBAUR, K. R. et al. Upper limb muscle volumes in adult subjects. *J. Biomech.*, v. 40, n. 4, p. 742-9, 2007.

Huynh, A. et al. Outcomes of exertional rhabdomyolysis following high-intensity resistance training. *Intern. Med. J.*, v. 46, n. 5, p. 602-8, 2016.

Ide, B. N.; Lopes, C. R.; Sarraipa, M. F. *Fisiologia do treinamento esportivo*: treinamento de força, potência, velocidade e resistência, periodização e habilidades psicológicas no treinamento esportivo. São Paulo: Phorte, 2011.

Jaworski, K. et al. Regulation of triglyceride metabolism. IV. Hormonal regulation of lipolysis in adipose tissue. *Am. J. Physiol. Gastrointest. Liver Physiol.*, v. 293, n. 1, p. G1-4, 2007.

Kell, R. T.; Asmundson, G. J. A comparison of two forms of periodized exercise rehabilitation programs in the management of chronic nonspecific low-back pain. *J. Strength Cond. Res.*, v. 23, n. 2, p. 513-23, 2009.

Kraemer, W. J.; Fry, A. C. Strength training: development and evolution of methodology. In: Maud, R.; Foster, C. (Ed.). *Physiological assessment of human fitness*. Champaign, IL: Human Kinetics, 1995.

Krings, B. M. et al. Effects of carbohydrate ingestion and carbohydrate mouth rinse on repeat sprint performance. *Int. J. Sport Nutr. Exerc. Metab.*, v. 27, n. 3, p. 204-12, 2017.

Larsen, F. J. et al. High-intensity sprint training inhibits mitochondrial respiration through aconitase inactivation. *FASEB J.*, v. 30, n. 1, p. 417-27, 2016.

Letzeiter, H. M. *Entrainment de la force*. Lausanne: Vigot, 1990.

Little, J. P. et al. Low-volume high-intensity interval training reduces hyperglycemia and increases muscle mitochondrial capacity in patients with type 2 diabetes. *J. Appl. Physiol.*, v. 111, n. 6, p. 1554-60, 2011.

Liu, Y. et al. Effects of high intensity resistance and low intensity endurance training on myosin heavy chain isoform expression in highly trained rowers. *Int. J. Sports Med.*, v. 24, n. 4, p. 264-70, 2003.

Machado, F. A.; Denadai, B. S. Validez de las ecuaciones predictivas de la frecuencia cardíaca máxima para niños y adolescentes. *Arq. Bras. Cardiol.*, v. 97, n. 2, p. 136-40, 2011.

MAILLARD, F. et al. High-intensity interval training reduces abdominal fat mass in postmenopausal women with type 2 diabetes. *Diabetes Metab.*, v. 42, n. 6, p. 433-41, 2016.

MATVEEV, L. P. *Metodologia e planejamento*. Guarulhos: Phorte, 1997.

MAUGHAN, R.; GLEESON, M.; GREENHAFF, P. L. *Bioquímica do exercício e treinamento*. São Paulo: Manole, 2000.

MCCARTHY, A.; MULLIGAN, J.; EGAÑA, M. Postexercise cold-water immersion improves intermittent high-intensity exercise performance in normothermia. *Appl. Physiol. Nutr. Metab.*, v. 41, n. 11, p. 1163-70, 2016.

MCMAHON S. R.; ADES, P. A.; THOMPSON, P. D. The role of cardiac rehabilitation in patients with heart disease. *Trends Cardiovasc. Med.*, v. 27, n. 6, 2017.

MCRAE, G. et al. Extremely low volume, whole-body aerobic-resistance training improves aerobic fitness and muscular endurance in females. *Appl. Physiol. Nutr. Metab.*, v. 6, n. 37, p. 1124-31, 2012.

MEYER, P. et al. High-intensity interval exercise in chronic heart failure: protocol optimization. *J. Card Fail.*, v. 18, n. 2, p. 126-33, 2012.

MONROE D. C. et al. Effects of sprint interval cycling on fatigue, energy, and cerebral oxygenation. *Med. Sci. Sports Exerc.*, v. 48, n. 4, p. 615-24, 2016.

MONTEIRO, A. G. *Periodização esportiva*: estruturação do treinamento. 2. ed. São Paulo: Artmed, 2009.

MUNK, P. S. et al. High-intensity interval training may reduce in-stent restenosis following percutaneous coronary intervention with stent implantation A randomized controlled trial evaluating the relationship to endothelial function and inflammation. *Am. Heart J.*, v. 158, n. 5, p. 734-41, 2009.

NELSON, D. L.; COX, M. M. *Princípios de bioquímica de Lehninger*. 3. ed. São Paulo: Sarvier, 2002.

OLIVEIRA, P. R. *Periodização contemporânea do treinamento desportivo*: modelo das cargas concentradas de força – sua aplicação nos jogos desportivos (basquetebol, futebol de campo, futsal, voleibol) e luta (judô). São Paulo: Phorte, 2008.

PAOLI, A. et al. High-Intensity Interval Resistance Training (HIRT) influences resting energy expenditure and respiratory ratio in non-dieting individuals. *J. Transl. Med.*, v. 10, p. 237, 2012.

Pereira, B.; Souza Jr., T. P. *Compreendendo a barreira do rendimento físico*: aspectos metabólicos e fisiológicos. São Paulo: Phorte, 2005.

Ralston, G. W. et al. The effect of weekly set volume on strength gain: a meta-analysis. *Sports Med.*, v. 47, n. 12, p. 2585-2601, 2017.

Rebuffé-Scrive, M. et al. Metabolism of adipose tissue in intraabdominal depots of nonobese men and women. *Metabolism*, v. 38, n. 5, p. 453-8, 1989.

Reichert, F. F. et al. The role of perceived personal barriers to engagement in leisure-time physical activity. *Am. J. Public Health*, v. 97, n. 3, p. 515-9, 2007.

Rhea, M. R. et al. A meta-analysis to determine the dose response for strength development. *Med. Sci. Sports Exerc.*, v. 35, n. 3, p. 456-64, 2003.

Ribeiro, P. A. et al. High-intensity interval training in patients with coronary heart disease: Prescription models and perspectives. *Ann. Phys. Rehabil. Med.*, v. 60, n. 1, p. 50-7, 2017.

Robbins, D. W.; Marshall, P. W.; McEwen, M. The effect of training volume on lower-body strength. *J. Strength Cond. Res.*, v. 26, n. 1, p. 34-9, 2012.

Robergs, R. A.; Landwehr, R. The surprising history of the "HRmax=220-age" equation. *J. Exerc. Physiol. Online*, v. 5, n. 2, p. 1-10, 2002.

Rodrigues, C. E. C.; Carnaval, P. E. *Musculação*: teoria e prática. 21. ed. Rio de Janeiro: Sprint, 1985.

Rognmo, Ø. et al. High intensity aerobic interval exercise is superior to moderate intensity exercise for increasing aerobic capacity in patients with coronary artery disease. *Eur. J. Cardiovasc. Prev. Rehabil.*, v. 11, n. 3, p. 216-22, 2004.

Roxburgh, B. H. et al. Is moderate intensity exercise training combined with high intensity interval training more effective at improving cardiorespiratory fitness than moderate intensity exercise training alone? *J. Sports Sci. Med.*, v. 13, n. 3, p. 702-7, 2014.

Santarém, J. M. *Musculação*: princípios atualizados, fisiologia, treinamento, nutrição. São Paulo: Fitness Brasil, 1995.

SCULTHORPE N. F.; HERBERT, P.; GRACE, F. One session of high-intensity interval training (HIIT) every 5 days, improves muscle power but not static balance in lifelong sedentary ageing men. *Medicine (Baltimore)*, v. 96, n. 6, p. e6040, 2017.

SFORZO, G. A.; TOUEY, P. R. Manipulating exercise order affects muscular performance during a resistance exercise training session. *J. Strength Cond. Res.*, v. 10, n. 1, p. 20-4, 1996.

SILVA, A. S.; ZANESCO, A. Exercício físico, receptores ß-adrenérgicos e resposta vascular. *J. Vasc. Bras.*, v. 9, n. 2, p. 47-56, 2010. Disponível em: <http://www.scielo.br/pdf/jvb/v9n2/07.pdf>. Acesso em: 30 out. 2016.

SPREUWENBERG, L. P. et al. Influence of exercise order in a resistance training exercise session. *J. Strength Cond. Res.*, v. 20, n. 1, p. 141-4, 2006.

STANLEY, J.; PEAKE, J. M.; BUCHHEIT, M. Cardiac parasympathetic reactivation following exercise: implications for training prescription. *Sports Med.*, v. 43, n. 12, p. 1259-77, 2013.

STOPPANI, J. *Enciclopédia de musculação e força*. Porto Alegre: Artmed, 2008.

STORK, M. J. et al. A scoping review of the psychological responses to interval exercise: is interval exercise a viable alternative to traditional exercise? *Health Psychol. Rev.*, v. 11, n. 4, p. 324-44, 2017.

TABATA, I. et al. Effects of moderate-intensity endurance and high-intensity intermittent training on anaerobic capacity and VO2max. *Med. Sci. Sports Exerc.*, v. 28, n. 10, p. 1327-30, 1996.

TANAKA, H.; MONAHAN, K. D.; SEALS, D. R. Age-predicted maximal heart rate revisited. *J. Am. Coll. Cardiol.*, v. 37, n. 1, p. 153-6, 2001.

THOMPSON, W. R. Worldwide survey of fitness trends for 2018: the CREP edition. *ACSM's Health Fit. J.*, v. 21, n. 6, p. 10-9, 2017.

TJØNNA, A. et al. Aerobic interval training versus continuous moderate exercise as a treatment for the metabolic syndrome: a pilot study. *Circulation*, v. 118, n. 4, p. 346-54, 2008.

VERKHOSHANSKY, Y. V. *Entrenamiento deportivo*. Barcelona: M. Roca, 1990.

_____. *Treinamento desportivo*: teoria e metodologia. Porto Alegre: Artmed, 2001.

VERKHOSHANSKY, Y. V.; OLIVEIRA, P. R. *Preparação de força especial*. Rio de Janeiro: Grupo Palestra Sport, 1995.

VERKHOSHANSKY, Y. V.; SIFF, M. C. *Super entrenamiento*. 2. ed. Barcelona: Paidotribo, 2016.

WARBURTON, D. E. et al. Effectiveness of high-intensity interval training for the rehabilitation of patients with coronary artery disease. *Am. J. Cardiol.*, v. 95, n. 9, p. 1080-4, 2005.

WEWEGE, M. et al. The effects of high-intensity interval training vs. moderate-intensity continuous training on body composition in overweight and obese adults: a systematic review and meta-analysis. *Obes. Rev.*, v. 18, n. 6, p. 635-46, 2017.

WHYTE L. J.; GILL J. M.; CATHCART, A. J. Effect of 2 weeks of sprint interval training on health-related outcomes in sedentary overweight/obese men. *Metabolism*, v. 59, n. 10, p. 1421-8, 2010.

WIEWELHOVE, T. et al. Effect of repeated active recovery during a high-intensity interval-training shock microcycle on markers of fatigue. *Int. J. Sports Physiol. Perform.*, v. 11, n. 8, p. 1060-6, 2016.

_____. Markers for routine assessment of fatigue and recovery in male and female team sport athletes during high-intensity interval training. *PLoS One*, v. 10, n. 10, p. e0139801, 2015.

WILLIAMS, B. M.; KRAEMER, R. R. Comparison of cardiorespiratory and metabolic responses in kettlebell high-intensity interval training versus sprint interval cycling. *J. Strength Cond. Res.*, v. 29, n. 12, p. 3317-25, 2015.

WISLØFF, U. et al. Superior cardiovascular effect of aerobic interval training versus moderate continuous training in heart failure patients: a randomized study. *Circulation*, v. 115, n. 24, p. 3086-94, 2007.

WOOD, K. M. et al. Dissimilar physiological and perceptual responses between sprint interval training and high-intensity interval training. *J. Strength Cond. Res.*, v. 30, n. 1, p. 244-50, 2016.

ZHANG, H. et al. Comparable effects of high-intensity interval training and prolonged continuous exercise training on abdominal visceral fat reduction in obese young women. *J. Diabetes Res.*, v. 2017, p. 5071740, 2017.

SOBRE O AUTOR

Luis Cláudio Bossi é mestre em Metodologia do Treinamento Desportivo, pelo Instituto Superior de Cultura Física Manuel Fajardo, em Havana, Cuba (revalidação pela Universidade de Brasília – UnB), e especialista em Treinamento Desportivo e em Musculação, pelas Faculdades Metropolitanas Unidas (UniFMU) e em Condicionamento Físico em Academia, pela Escola Superior de Educação Física de Muzambinho (ESEFM).

É professor da pós-graduação da Universidade Estácio de Sá, do Centro Universitário das Faculdades Associadas de Ensino (Unifae), do Centro de Estudos Avançados e Formação Integrada (Ceafi) nos cursos de Treinamento, Treinamento Funcional, Musculação e *Personal Training*. Também atua como docente na graduação em Cinesiologia, Musculação e Treinamento Desportivo na Unifae.

Ministra cursos e palestras no Brasil e no exterior.

É autor dos livros *Ensinando musculação: exercícios resistidos*, pela Ícone Editora, *Musculação para o basquetebol*, pela Editora Sprint e *Musculação para o voleibol*, *Periodização na musculação*, *Treinamento funcional na musculação*, *Treinamento funcional para mulheres: potência, força, resistência e agilidade* e *HIIT: fitness & wellness*, pela Phorte Editora.

Sobre o Livro
Formato: 16 x 23 cm
Mancha: 11,2 x 17,2 cm
Papel: Offset 90g
nº páginas: 184
1ª edição: 2018

Equipe de Realização
Assistência editorial
Liris Tribuzzi

Assessoria editorial
Maria Apparecida F. M. Bussolotti

Edição de texto
Gerson Silva (Supervisão de revisão)
Roberta Heringer de Souza Villar (Preparação do original e copidesque)
Fernanda Fonseca (Revisão)

Editoração eletrônica
Évelin Kovaliauskas Custódia (Projeto gráfico, diagramação, ilustrações e capa)

Fotografia
MRBIG_PHOTOGRAPHY/kzenon | iStockphoto (Foto de capa)

Impressão
LIS gráfica